U0606286

DUANSHIPIN
ZHUNONG YINGXIAO
SHIZHAN SHOUCE

短视频助农营销实战手册

赵国玲　丰新秋　徐春选　编著

中国农业出版社

农村读物出版社

北　京

党的十九大报告中，习近平总书记首次提出了"实施乡村振兴战略"。报告指出"农业农村农民问题是关系国计民生的根本性问题，必须始终把解决好'三农'问题作为全党工作重中之重"，并提出要坚持农业农村优先发展，加快推进农业农村现代化。2018 年中央 1 号文件指出，乡村振兴战略要适应大数据、互联网、高新技术等发展的需要，培育社群网络零售、共享农业等新型消费与服务产业体系。互联网的出现提供了快速、多样的沟通方式。其中，易操作、易分享的短视频，以其原生态的现场感和广泛的用户黏性推动了乡村振兴的新业态和新气象。以短视频和直播为代表的互联网潮流与中国广大农村实践相结合，正释放出巨大的经济能量。

"短视频＋直播"已经成为中国农民致富的"新农具、新农活"。农民借助"短视频＋直播"这种形式，以现场展示、解说及农民直销等动作，疏通城乡消费网络，增强城乡之间的交流与互动，为乡村振兴助力。短视频的兴起和发展，掀起了一股农民创作热潮。此前依托文字为主的传播媒介对于参与者的文化程度有一定的准入门槛，而短视频则是以通俗、生活为主的内容媒介，使广大农民群体有机会从内容的消费者变成内容的生产者，这也使得短视频成为打造乡村旅游、农产品品牌的最佳载体。

本书希望教会农民创作短视频和直播销售的具体操作，并通过实践融会贯通，以促进农产品销售，实现生产者和消费者精准对接，打破"信息贫困"的瓶颈，使农民及时了解市场供需，跟上消费者从"吃得饱"向"吃得好"转变的消费要求，解决农产品上行的问题。本书主要从两方面入手，介绍了短视频营销和创作基本知识，重点选取入门容易、操作简单的抖音和剪映作为代表介绍，将营销方法和直播引流技巧贯穿始终。书中有理论、有技术实操，讲解深入浅出，由点到面搭建了短视频营销知识体系。本书主要适用于三农短视频创作者，助力农产品短视频营销。

在"十四五"期间乃至未来更长的时间里，应当充分发挥短视频优势，推动乡村振兴与脱贫攻坚良性衔接，真正让"短视频＋直播"成为脱贫攻坚、实现乡村振兴的"新农具"，真正为乡村振兴指出新的方向。

限于编者的学识水平，加之时间匆忙，互联网技术更新速度快，书中不足之处在所难免，恳请各位同行和读者在使用过程中予以指正并提出宝贵意见和建议。

编　者

2022 年 6 月

目　录

前言

第一章 认识短视频　　/1

一、短视频定义　　/2

二、短视频特点　　/2

三、短视频类型　　/4

四、短视频营销的优势　　/6

五、短视频平台简介　　/8

第二章 农民为什么要学习短视频　　/10

一、农民使用短视频现状　　/11

二、农民学做短视频的必要性　　/12

三、农民创作短视频应具备的素质　　/13

第三章 打造自己的短视频平台　　/15

一、如何下载抖音　　/16

二、如何注册和登录抖音账号　　/17

三、如何选择合适的头像　　/21

四、如何设计合适的昵称　　/23

五、个性签名的设计　　/26

六、轻松熟悉抖音的五大界面　/29

第四章 短视频怎么拍　/40

一、拍摄设备准备　/41

二、拍摄创作过程　/42

三、拍摄基本常识　/45

第五章 三农短视频拍什么　/61

一、突出拍摄生产过程——充满期待　/62

二、突出体现新农村——传播正能量　/63

三、拍摄三农专业知识和操作小技巧——打造专家形象　/64

四、借助事件拍摄——营造营销机会　/65

五、模仿拍摄——增加曝光率　/67

六、拍摄三农日常——引起共鸣　/68

七、打造独特的人设——增加识别度　/69

八、挖掘产品卖点拍摄　/70

第六章 短视频怎么剪辑　/76

一、认识界面　/77

二、自主视频剪辑　/79

三、快速视频制作　/100

第七章 怎么进行直播销售　/105

一、直播前的准备　/106

二、三农直播销售常用模式　/111

三、直播间宣传技巧　/114

四、直播间常用表达　/119

五、直播间活动设计　/123

六、复盘反思　/127

第 一 章

认 识 短 视 频

▶ **学前提示**

　　相比文字、图片而言，视频在表达上更直观、丰满。同时，随着互联网技术的发展，网络等因素带来的阻碍越来越少，视频成为时下最热门的领域之一。视频拥有庞大的观看群体，为三农视频创作者提供了潜在受众。如何将这些潜在受众转化为实际消费者，就是我们学习的关键。

◢ **要求展示**

- 短视频定义
- 短视频特点
- 短视频类型
- 短视频营销的优势
- 短视频平台简介

短视频即短片视频，互联网内容传播形式之一，一般指在互联网新媒体上传播、时长较短的视频。随着移动终端普及和网络的提速，短平快的大流量传播内容逐渐获得各大平台、粉丝和资本的青睐。网红经济的出现使视频行业逐渐崛起一批优质短视频创作者，微博、秒拍、快手、今日头条等纷纷入局短视频行业。

一、短视频定义

短视频是指在各种新媒体平台上播放的、适合在移动状态和短时休闲状态下观看的、高频推送的视频内容，时长为几秒到几分钟不等。

短视频内容融合了技能分享、幽默搞怪、时尚潮流、社会热点、街头采访、公益教育、广告创意、商业定制等主题。由于内容较短，可以单独成片，也可以共同组成系列栏目。

二、短视频特点

短视频制作没有特定的表达形式和团队配置要求，但具有生产流程简单、制作门槛低、参与性强等特点，又比直播更具有传播价值。

1. 短小精悍，内容有趣 短视频时长一般在 15 秒到 5 分钟。相对于文字、图片来说，视频能够带给受众更好的视觉体验，表达形式也更多样，能够将信息更真实、更生动地传达给受众。因为时间有限，短视频展示出来的内容更贴合受众碎片化的阅读习惯，降低人们参与的时间成本。短视频有个核心理念是内容短小精练，需在前 3 秒抓住受众。

2. 社交黏度高 各大短视频应用中，受众可以对视频进行点赞、评论（图 1-1），还可以给视频创作者私信；视频创作者也可以对评论进行回复。加强了创作者和受众之间的互动，提高了社交黏度。

图1-1　评论与回复

3. 大众性　短视频的兴起，让大部分非专业短视频创作者火了起来。与传统媒介相比，短视频的门槛稍微低一些，非专业短视频创作者可根据市场的走向和最近火爆的元素来创作内容，这类作品往往能受到众多网友的喜爱。这一类创作者比较典型的，如在抖音上热度不减的"农村四哥""巧妇9妹""蜀中桃子姐"等（图1-2）。

图1-2 "网红"创作者账号

4. 搞笑娱乐性强 短视频的内容大多为创意类轻喜剧，以搞笑创意为主，能迅速在网上斩获大批粉丝。这些带有娱乐性的短视频可在很大程度上缓解人们来自现实中的压力，在业余休息时间打开看一看，能给枯燥的生活带来一丝乐趣。

例如，由贵州3位年过半百的农村大妈组成的"三支花"组合，她们拍摄的视频幽默搞笑，从"上才艺"到"憨笑"一系列作品已"圈粉"百万（图1-3）。她们的走红引起一大波人的模仿。

三、短视频类型

1. 短纪录片 内容多数以纪录片的形式呈现，制作精良，其成功的渠道运营优先开启了短视频变现的商业模式，被各大资本争相追逐。

图 1-3 "三支花"账号与作品

2. "网红" IP 型 例如，"papi 酱""回忆专用小马甲""艾克里里"等个人形象在互联网上具有较高认知度的创作者，其内容制作更贴近生活。庞大的粉丝基数和用户黏性使其拥有潜在的巨大商业价值。

3. "草根"恶搞型 以快手 App 为代表，大量"草根"创作者借助短视频平台输出以恶搞为主的搞笑内容。虽然这类短视频存在一定争议性，但是在碎片化传播的今天也为网民提供了不少娱乐谈资。

4. 情景短剧 情景短剧多以创意型搞笑为主，在互联网上被广泛地传播。

5. 技能分享 随着短视频热度不断提高，技能分享类短视频也逐渐被广泛传播。

6. 街头采访型　街头采访也是目前短视频的热门表现形式之一，其制作流程简单、话题性强，深受都市年轻群体的喜爱。

7. 创意剪辑　利用剪辑技巧和创意，或将精美、震撼片段拼接成新短片，或将短小的搞笑段子组成合集，或对原视频加入解说、评论等元素。这也是广告主往爆款新媒体短视频中植入原生广告的一种方式。

四、短视频营销的优势

短视频营销是将各种视频短片以不同的形式放到互联网上，以达到一定宣传目的的营销手段。这种短视频可以是产品视频、品牌视频、企业宣传片、微电影等形式。与传统的媒体广告相比，短视频具有得天独厚的优势，是实施现代营销媒体战略的重要部分。短视频营销的优势有很多，大致概括为如下6点。

（一）灵活性强、传播范围广

在传统媒体上，你想做自己产品的广告，发布后较难更改，即使可改动也要付出较大的经济代价；受众也是相对较小，想扩大受众，则成本升高。短视频传播速度特别快，一个视频发出半个小时以后可能就达到几百万人播放；而且它的覆盖面非常广，农民朋友们可利用短视频让更多的人了解自己的产品。

（二）运作成本比较低

网络视频相比电视广告等投入的费用相对少很多，大家都可以自制创意短片视频来免费上传，可为农民节省很多的销售成本，具有非常高的性价比。

（三）帮你精准地找到受众

短视频营销相比其他传统媒体的营销方式投放更为精准。把短视频投放在网站、微博、微信等，只要受众打开网站就很容易欣赏到它，并在大脑形成清晰印象。令人感兴趣的内容能吸引受众，而受众的不断支持、回复、转发等互动又能激发良好的讨论与传播，这样就起到了持续的宣传效果。

（四）可加强你与受众的互动性

短视频营销具有互动性，受众是广告的再创造者，其可以对视频内容进行回复，也可以就回复进行回复，为该短视频增加人气。同时，观看者还会把他们认为有趣的短视频转发在自己的微博、微信或者其他论坛中，让短视频广告进行具有主动性的"病毒式传播"，不需要任何推广费用和精力便能让短视频大范围传播出去，这一优势是传统媒体不具备的。

（五）分析你的受众

短视频多数是受众主动选择观看，受众的关注度、黏着度更高。利用传统媒体做广告，很难准确地知道有多少人接收到广告信息；而短视频广告可以统计出受众的停留时长和次数，还有被点击数量、转载数量和评论数，以及这些受众查阅的时间分布和地域分布。借助分析工具，宣传成效更易体现，客户群体清晰易辨，广告收益也能被准确计量，有助于农民创作者正确评估广告效果，制定广告投放策略，对广告目标更有把握。

（六）视频感官效果好

短视频的载体是动画，以图、文、声、像相结合的形式传送多感官的信息，比单纯的图片或文字性广告更能提供感知。人们能看到、听到、感觉到你的存在，比仅仅看你的文字更多了几分信赖。视频对人的视觉和大脑感官冲击力是极大的。一个内容价值高、观赏性强的视频，在让消费者全方位了解你产品的同时，可锁住受众的心。文案再好毕竟需要消费者去想象，而震撼的视频不需要消费者去想象，能更为直观地展示商品，缩短了获得受众信任的过程，加快了受众买单的速度。

五、短视频平台简介

1. 抖音　一款音乐创意短视频社交软件，于 2016 年 9 月上线，打造了一个专注于年轻人的音乐短视频社区。用户可以通过这款软件选择喜爱的歌曲，拍摄音乐短视频，形成自己的作品。但是，抖音仅允许拍 15 秒视频。

2. 火山小视频　内嵌于"今日头条"的短视频 App。这是一款 15 秒原创生活类短视频社区，帮助用户通过短视频迅速获取生活类内容；帮助创作者展示自我、获得粉丝、发现同好。

3. 快手　由"快手科技"开发的一款短视频应用 App，前身为"GIF 快手"（诞生于 2011 年，一款将视频转化为 GIF 格式图片的工具 App）。用户可以通过它制作并分享短视频；还可以在快手上面浏览、点赞他人的作品，与其他短视频作者进行互动。

4. 微视　一款"腾讯"旗下短视频创作与分享平台。微视用户可通过 QQ、微信账号登录，并能将拍摄的短视频同步分享至微信好友、朋友圈、QQ 空间。

5. 全民小视频　由百度团队打造的一款专业小视频分享发布软件，于 2018 年上线，分为 IOS 版本和 Android 版本。

第二章

农民为什么要学习短视频

▶ 学前提示

　　三农问题一直是全党工作的重中之重，关系到国家发展大局。短视频时代来临，短视频营销、直播带货已经成为乡村新潮流。短视频这种形式的出现为农业、农村、农产品的传播带来了全新可能性，使三农领域逐渐走入新的传播格局。短视频的普及降低了优质农产品的传播门槛，给农产品的销售带来新的机遇。短视频传播打破了城乡之间的地理隔膜，以极低的成本吸引外界关注，让果蔬等农产品主产地有了向外展示产品的机会，打开了新的市场，实现了农业变现、经济增收。

◀ 要求展示

　　· 农民使用短视频现状
　　· 农民学做短视频的必要性
　　· 农民创作短视频应具备的素质

一、农民使用短视频现状

（一）使用人数逐渐增多

观看短视频简单易操作，其创作门槛也很低、上手快，获得了大量农民的喜爱。近两年，在政府的支持下，各地为农民开展了"互联网＋农产品"、智能手机使用、短视频制作等方面的培训，鼓励农民利用短视频进行电商营销。在农村已出现了一大批网红，也促使农民使用短视频的人数逐渐增多。

（二）从看视频到发视频的转变

在农村，很多年轻人外出工作、求学，很多留守农民因长期与家人分别而感到很孤独，在闲暇时就会从手机上观看短视频，从中接触一些平时接触不到的东西，也学习到对自己有用的知识。农民会选择短视频，一是对内容的好奇；二是短视频 App 操作简单，只要打开 App 就可以一直看。而后，大家逐渐学会了给视频点赞、分享，并开始尝试发视频，由发内容简单的视频逐渐到具有创作性的视频，由此开启了自己的短视频拍摄和创作之路，完成了从看视频到发视频的转变。

（三）成为农民新型的学习平台和娱乐方式

随着网络在农村的普及，农民越来越依赖于网络，从微信到短视频，农民体会到了网络带给自己的便利。如今，短视频已经成为农民新型的学习平台和娱乐方式。

1. 短视频是农民娱乐生活的重要组成部分 农民在短视频平台上发出自己的日常生活，通过网络互动来降低自己内心的寂寞感，并获得认可。

2. 短视频可以为农民创造收入 农民在短视频平台上卖农产品，以获取收入，提高家庭经济水平。

3. 短视频是农民获取知识的渠道　农民会在短视频上学习，如学习如何治虫、施肥、做菜、育儿等。

不同的人使用短视频的目的不同，最常见的目的是学习和娱乐，这也是农民最欠缺也最需要的文化生活。

（四）为乡村文化传播提供新舞台

在乡村振兴战略的大背景下，乡村文化振兴是重要的一部分。乡村文化是农村社会的重要组成部分，是建立在农村社会生产方式基础上的基层文化形式，是农民群众文化素质、价值观、交往方式、生活方式的重要体现。乡村文化具有极为广泛的群众基础，在民族文化传承中有着独特的内涵。短视频的发展为乡村文化的传播提供了一个新的平台，通过更加直接和有感染力的传播方式，传播农村独有的文化习俗，让人们对乡村文化更为了解，使乡村文化得到更多人的认可。

二、农民学做短视频的必要性

（一）政策支持与资本投入

党中央提出乡村振兴战略，是政府对三农问题的高度关注，推进农村地区互联网发展与乡村振兴工程相结合，成为实施乡村振兴战略的重要路径。三农自媒体热度持续增高，各大平台在加强对自媒体创作者的监管的同时，纷纷向三农题材创作者提供激励补贴、流量福利、推荐计划等，大力度扶持优秀三农题材自媒体。部分平台甚至专门开辟了农村版块。例如，西瓜视频开设的"农人频道"，包含了美食制作、农业技术、农事劳作、乡村娱乐表演、习俗介绍、家庭日常生活、亲友交往、野外采风等农村题材，并对原创类作品加大扶持力度。

（二）满足城乡交流需求

城镇化影响下的新时代农民具有强烈的城乡交流需求，短视频这种视觉化叙事方式反映出了农村长久以来被压抑的文化需求。以往农村形象是被非农创作者描述的，与现实存在差异；另外，信息网络不发达，很多农民信息渠道不畅通，只能自娱自乐。近年来，两个助力打破了这种封闭式自娱自乐体验，一是返乡新农人，他们是有技术、有能力的农村新生力量，他们往往成为当地短视频创作的带领人；二是我国实施的农村优惠利好政策和基础设施建设极大地改善了农村的社会经济发展水平，推动了农村产业的繁荣，而精准扶贫更是解决了欠发达地区农民的基本生存问题。全国范围内农村经济水平提高后，农民有了一定的空余时间和经济能力从事短视频创作，满足城乡交流需求。

（三）满足城市居民的乡土情怀

虽然，农村题材短视频来源于农村层面的进步，但也满足了城市层面的情感需求。城镇化和现代市场经济使得城市居民传统的乡土情怀无处可放。以往只能靠乡村度假旅游来抒发；现在，大量新鲜有趣的农村题材短视频向城市居民输出新三农形象，引发了城市对农村的好奇与反思，促使其再次回忆起以往的乡村生活。同时，也为进城务工的流动农民群体提供了疏解思乡情感的渠道。农民拍摄的短视频常有展示家庭团聚、共享天伦的场景，为现代人际关系增添了亲情感染力。

三、农民创作短视频应具备的素质

（一）抓住机会，大胆尝试创作

互联网新时代到来让视频自媒体得以爆发式发展，自媒体经历文字和图片传播的时代后，进入了视频自媒体的黄金期。视频的最大优势是能直观动态地呈现出精彩的内容，让人能身临其境。作为"新农人"，我们更要抓住振兴乡村的机会，抓住互联网的发展浪潮，大胆尝试创作。

（二）有一颗持之以恒的心

短视频创业不是一朝一夕就能成功的，切勿三天打鱼、两天晒网。虽然短视频的时长短，但包括内容编辑、灯光设计、配乐选择、剪辑、特效选择、封面设计、标题撰写等，背后要耗费无数的精力。要想创作优质短视频，必须要有毅力、耐力和决心。

（三）善于传播正能量

旧时农村人知礼数、懂情义，作为"新农人"我们更要善于传递中国传统美德。现在正建设新农村，我们要创作能体现"新时代、新文明"的作品，传播农村正能量，将新农村真实呈现给大众，这就是"新农人"内容创作的价值。

练一练

1. 总结你在短视频创作过程中遇见过哪些问题和困难？
2. 你是如何克服这些困难的呢？

第三章

打造自己的短视频平台

▶ 学前提示

　　短视频相对于过去的长视频更贴近人们的生活，带来了更具创作性和娱乐观赏性生活展示内容。高度普及率使其迅速成为人们获取知识、新闻等的重要载体。本节以抖音20.3.0版本为例子，介绍短视频App的各项基本操作，如下载、注册及登录、选择合适的头像、设计昵称及个性签名等。

✈ 要求展示

- 如何下载抖音
- 如何注册和登录抖音账号
- 如何选择合适的头像、设计昵称和个性签名
- 轻松熟悉抖音五大界面

一、如何下载抖音

（一）苹果手机（ISO 系统）如何下载抖音

第一步，打开 App Store，搜索栏中输入抖音。

第二步，页面出现抖音、抖音极速版两款 App（图 3 - 1）。

图 3 - 1　搜索抖音界面

第三步，选择自己需要的版本，点击获取按钮，就可以将抖音 App 下载至手机。

> ⦿ 小贴士
>
> **抖音与抖音极速版的区别**
>
> 　1.抖音极速版安装包小，运行速度快，比较省流量，界面清爽，而且没有广告推送。
>
> 　2.抖音极速版没有视频上传功能，而抖音短视频可以拍摄和上传短视频。

（二）安卓系统手机如何下载抖音（以华为手机为例）

安卓系统手机与苹果手机相比，拥有更广泛的下载途径，通过任一安卓应用市场均可免费下载 App，并且简单易操作。下述安装步骤以华为手机为例。

第一步，在手机桌面上找到华为手机应用市场，并将其点开，在搜索框内输入抖音字样，点击搜索。

第二步，找到抖音 App，点击安装。

二、如何注册和登录抖音账号

抖音已成为年轻人喜欢的一款 App，不只可以观看有趣的短视频，还可以自己创作发布短视频。随着热度上升，抖音吸引了越来越多的用户，那么新手如何注册和登录抖音账号？在众多 App 上，首次登录成功就表示用户注册成功了，抖音也是如此。

（一）以手机验证方式注册并登录

第一步，在手机上找到抖音的图标，点击图标进入主界面后，点击页面下方的"我"（图 3 - 2）。

第二步，进入"我"界面后自动弹出登录页面，在弹出的页

17

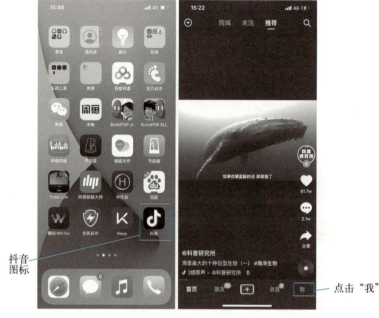

抖音
图标

点击"我"

图 3-2 抖音界面

面中点击输入手机号注册。

　　第三步，输入手机号之后，点击红色按钮"获取短信验证码"。这时手机会收到一条短消息，短消息内容就是验证码，输入正确的验证码之后，点击登录，就注册好自己的账户了（图 3-3）。

（二）使用第三方平台账号登录

　　第三方平台账号登录是基于用户在第三方平台上已有的账号和密码来快速完成己方应用的注册或者登录。而这里的第三方平台，一般是已经拥有大量用户的平台，如微博、腾讯微信、腾讯QQ等。使用第三方平台账号登录的目的是减少用户注册流程，

18

图 3-3　手机验证方式登录界面

打通用户在两个平台间的交互通道。头条、新浪微博、腾讯微信、腾讯 QQ 和苹果账户都可以登录抖音。抖音第三方平台账号登录界面，如图 3-4 所示。

（三）通过手机号密码登录

注册账号后，想登录抖音，还可以通过手机号密码登录的方式来完成操作。手机号密码登录页面，如图 3-5 所示。利用这种方式进行登录时，若用户忘记密码，可输入手机号后点击"找回密码"，即可重新设置密码。

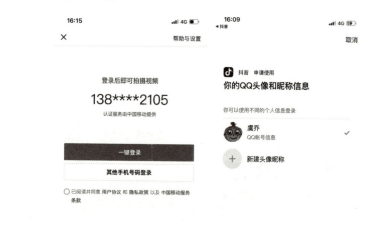

可选择的
第三方平台

图 3-4　第三方平台账号登录界面

图 3-5　手机号密码登录及找回密码界面

三、如何选择合适的头像

在现代生活中，好的形象往往会给人留下深刻的第一印象；在虚拟的网络世界里，账号头像就是一种"视觉语言"，是创作者展现自己的第一窗口。也就是说，抖音头像决定了粉丝对创作者的第一印象。因此，选择好账号头像至关重要。一般来说不同类型的抖音短视频创作者会选择能体现自我特色的抖音号头像。例如，机构类和企业类抖音号，会以机构或企业名称作为头像的主体，或是选择机构或企业 LOGO 作为头像（图 3-6）；个人类抖音号，能体现其特色的头像就更多了，可以是个人照片，可以是风景照，还可以是其他各种与抖音号内容相关联的图片（图 3-7）。

图 3-6　机构或企业类抖音号头像示例（企业 LOGO）

图 3-7　个人类抖音号头像示例（风景或人物）

（一）怎样才能选出符合自己的抖音头像

1. 头像最好以人为焦点　如果是个人类抖音号，最好是用自己的正面自拍照或正面全身照为头像。

2. 头像最好以品牌形象为焦点　如果是企业类抖音号，最好用企业的商标图案或者品牌名字为头像。

3. 头像必须让人产生好感、能让人记住　特别是对于潜在受众，如果看到头像的第一眼觉得反感，很可能就会拒绝关注。

4. 符合抖音号自身的定位风格　不管是用自己的真实照片作为头像还是使用其他图片，最重要的是要统一风格。例如，抖音号的内容风格是潮流酷炫风，头像却是"邻家妹妹""阳光哥哥"，就差异过大。

小贴士

头像选择的常见错误

1. 以风景作为头像，缺乏亮点。

2. 以卡通、动物图片作为头像，会显得业余，除非是相关行业。

3. 以电话号码或者二维码作为头像，容易让受众产生反感，还容易被封号。

（二）如何修改抖音头像

抖音账号注册成功后，如果想要修改抖音头像，其操作是非常简单的，可以从"我"界面中进入"编辑个人资料"页面进行修改。

第一步，直接点击头像图片，进入头像大图显示页面。

第二步，点击"更换头像"，即可弹出相应窗格，该窗格中

22

包括"更换头像""保存头像""查看抖音码"3个选项，点击"更换头像"即可进入系统相册选择要使用的图片（图3-8）。

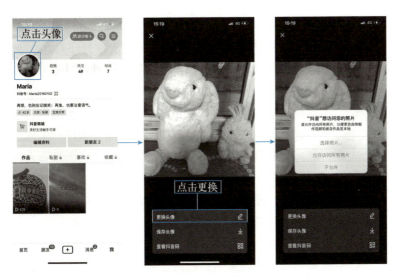

图3-8　更换头像的方法

> **小贴士**
>
> 　　抖音头像确定了之后，一般情况下还是不要更换为好。但当账号创作者或账号主要内容发生变化时，应考虑更换头像。在某些情况下必须更换头像，如企业或机构更换了名称、LOGO等。

四、如何设计合适的昵称

　　头像带给受众的是视觉印象，而昵称带给受众的则是文字印象。从营销的角度来看，好的昵称自带品牌效应和宣传功能，特别是在网络虚拟环境中，是帮助他人辨别的重要标志；因此，一定要设计合适的昵称。而如何选择好的昵称有四大原则：

（1）简单化。简单的东西容易被记忆，才容易被传播。

（2）具体化。就是一看你这个昵称就知道你是干嘛的。例如，"山西果妈"，一看就能知道她是山西的人，并可知账号内容与水果有关。

（3）人性化。从昵称可以感知到你是一个有血有肉的人，而不只是一个互联网虚拟实体。人跟虚拟实体之间是很难产生感情的，人跟人之间更容易发生感情，所以一定要设置一个具有人性化的昵称。

（4）个性化。当昵称别具一格，与其他创作者有差异，才容易被别人记住，才容易被传播。

常见抖音昵称的取法一般有 4 种：

（1）真实取名法。直接用自己的姓名或者企业名命名，如美团等。

（2）虚拟取名法。可以选取一个艺名、笔名、网名等作为昵称，但切记不要常换昵称。例如，"当年明月""毛毛"等。

（3）创意取名法。采用同音或者谐音等手法取名。例如，一个营销水果的账号取昵称为"如果"，不仅名字新颖独特，且包含了自己所经营的商品信息。

（4）组合取名法。可使用"中文名＋英文名"或者"商家名＋中文名"等作为昵称。这样的名字方便让人查找的同时，加深了受众对公司的印象，如"Lise 外教英语"。

（5）"融梗"取名法。在抖音平台上，还有一种昵称也经常可见，即将网络上常见的段子或提示语作为昵称。其目的是提升亲切感和熟悉感，引导用户关注。例如，"对方是你微信好友""对方是你电话联系人""你是他好友""@对方已关注你"等。但是，这样的昵称往往被广泛使用，一搜索，会出现很多相似的账号。

那么，如何在抖音中设置昵称呢？下面，我们一起来操作。

第一步，打开抖音软件后，点击右下角的"我"。

第二步，接着点击"编辑资料"（图3-9）。

图3-9 设置昵称的方法

第三步，点击"名字"，进入用户名修改页面。

第四步，在用户修改页面，输入自己想使用的昵称，右上角点击保存（图3-10）。

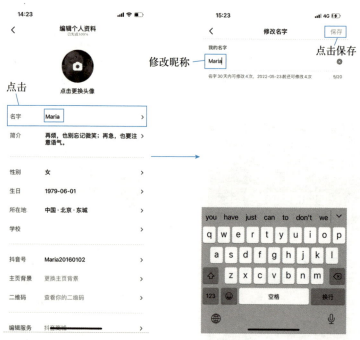

图 3-10　设置昵称的方法

抖音的昵称和抖音号的区别

　　抖音的昵称可以重复，可以随意命名；抖音号在抖音中是唯一的。抖音号更加便于其他用户精确搜索，抖音号每个月只能修改一次。

五、个性签名的设计

　　除了昵称、头像之外，个性签名也是让受众了解、认识你的一个快速途径。为了给大家一开始就留下好印象，我们应该设计一个合适的个人签名。设计什么样的签名，取决于我们的目的，即想在对方心里留下一个什么印象，或达到一个怎样的营销目的。

个性签名可以增加个人 IP 特点，增加很多个性化的内容，也可以进一步将自己的领域内容介绍出来。仅使用几句简单的话告诉粉丝你这抖音账号是干什么的。例如，当看到"都市新资讯"的个性签名，大家会知道这是安徽台一档栏目的抖音号；当看到"山里人家美食"的个性签名，大家就知道这个抖音号是介绍农产品的；并且个性签名中还给出了直播的时间及售后方式，方便他们更好地营销自己的产品（图 3 - 11）。

图 3 - 11 个性签名样例

有些机构、企业、商家和自媒体人的昵称、头像已经具有一定辨识度，便会在个性签名中采用别具一格的内容，以进一步加深账号的特征。例如，"美团"抖音号的个性签名就很有特色（图 3 - 12）。

在抖音平台上，设置账号个性签名的方法与设置昵称的方法类似，即在"编辑个人资料"页面，点击"简介"；进入"修改

图 3-12 个性签名样例

简介"页面，在"个人简介"区域输入内容，输入完成后，点击"完成"，即可完成个性签名的修改设置（图 3-13）。

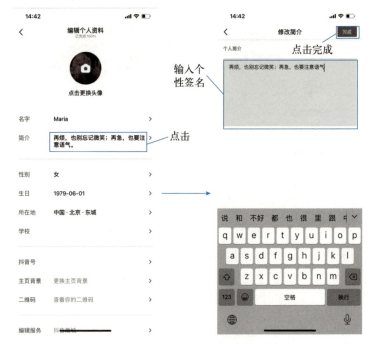

图 3-13 设置个性签名

六、轻松熟悉抖音的五大界面

（一）"首页"界面："学习""同城""关注""朋友""推荐"

"首页"界面包括"学习""同城""关注""朋友""推荐"5个模块。

1. "推荐"模块 注册并登录抖音后，最先出现的就是"首页"界面的"推荐"模块，同时自动播放抖音推荐的视频，往上滑就可以继续看下一个视频。"首页"界面的"推荐模块"，如图3-14所示。

图3-14 抖音"首页"界面"推荐模块"

抖音首页右上角的放大镜图标，点击进去是搜索页面，点最上方的搜索框，你想要查什么内容就输入什么文字即可。

如果想通过扫二维码等添加好友或获取相关信息，在搜索页的右上角有"扫一扫"图标，点击后即可扫码。同时，在"我"界面，抖音号的尾端有个二维码标识，点击后可显示自己的二维码信息。添加好友的过程，如图3-15所示。

图3-15　如何加好友

2. "同城""关注"模块　"同城"模块会自动定位用户所在的城市，并推荐附近的优质短视频内容（图3-16）。模块中会展示视频的封面显示，点击视频封面就可以查看视频了。

"关注"模块主要是展示用户已关注账号的短视频动态，其中短视频内容会自动播放（图3-17）。向上滑动屏幕，可以查看更多的已关注账号发布的短视频；同时，界面上还包括了点赞、评论、转发、分享及发布日期等信息。另外，点击视频任意位置可以播放或暂停短视频。

"同城"

"关注"

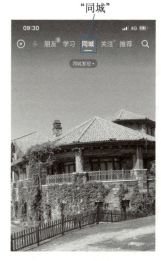

图 3 - 16　"同城"模块　　　　图 3 - 17　"关注"模块

（二）"商城"界面：商品集中展示界面

新版本的抖音增加了"商城"界面。在旧版本中，用户只能通过直播间、短视频内附带的商品链接购买商品，整个过程是被动的；而且，用户不知道从哪里可以找到抖音小店，无法查看同一账号供应的全部商品。"商城"界面提供了一个商品集合展示的平台，用户可以像在淘宝、京东等购物 App 上一样购买商品。

（三）"消息"界面：粉丝和评论管理

"消息"界面主要包括"新的朋友""互动消息""蜜友时刻""评论"4 个主要消息，同时还有创作者小助手、抖音小助手及系统通知等功能（图 3 - 18）。点击"新的朋友"进入其界面，可以查看近期关注你的用户信息（图 3 - 19）。

图 3-18　消息界面　　　　图 3-19　"新的朋友"界面

（四）"我"界面：账号信息设置和作品管理

"我"界面主要包括账号信息设置和作品管理两大功能（图3-20）。"我"界面上方显示了用户的头像、抖音号、简介、标签及粉丝数量等信息。点击"编辑资料"按钮进入其界面，可以设置或修改账号资料和其他信息。"我"界面下方是作品管理区域，分别为"作品""私密""喜欢""收藏"4个版块。"作品"版块的视频是用户自己创作并发布的视频；"私密"版块的视频是用户创作但不想发布的视频；"喜欢"版块的视频是用户在看别人的视频时点赞的视频；"收藏"版块的视频是用户收藏的视频。

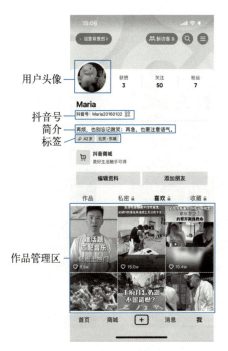

用户头像

抖音号

简介

标签

作品管理区

图 3-20 "我"界面

（五）"＋"界面：视频创作平台

抖音的"＋"界面用来创作和发布自己的抖音作品，下面我们来看一下"＋"界面的各种功能。

1. 拍摄主界面 点击抖音界面下方正中间的"＋"，进入拍摄主界面，点击拍摄主界面最上方中间的"选择音乐"可挑选需要的背景音乐；下方中间红色按钮为拍摄按钮，点击后可直接在抖音内调用照相机进行拍摄；点击红色按钮右侧"相册"，可以从相册中选择一个视频编辑上传（图 3-21）。制作的抖音作品不但可以是视频，还可以是动图、照片、文字。

选择音乐

图 3-21　点击"＋"开始制作抖音作品

2. 视频拍摄界面　视频拍摄界面右侧符号依次为翻转、快慢速、滤镜、美化、倒计时、闪光灯。

（1）翻转。可以将手机摄像头调整为前置摄像头或者后置摄像头，以拍摄风景或者人物。

（2）快慢速。点开选项后，有 5 个级别可供选（图 3-22）。

（3）滤镜。可以选择不同的风格拍摄效果（图 3-22）。

（4）美化。可以给人物添加美化效果，如附加各种风格妆（图 3-23）。

（5）倒计时。当选择倒计时进行拍摄时，可以选择倒计时 3 秒或倒计时 10 秒；另外，在倒计时选项里还可以选择暂停位置（图 3-23）。

图 3-22　快慢速与滤镜

（6）闪光灯。光线不好的时候可以用到闪光灯。

视频拍摄界面下方的红色圆形按钮为拍摄按钮，有 5 种拍摄方式可供选择，即分段拍、快拍、模板、开直播和 K 歌。

（1）分段拍。分段拍可以选择拍摄 15 秒、60 秒和 2 分钟。拍摄时可以分别在这 3 个时间段内进行拍摄并根据需要暂停，然后再次点击拍摄按钮会承接上一段视频继续拍摄。每一段视频都可以单独赋予不同的滤镜、速度或是道具。

（2）快拍。抖音视频仅支持最长 15 秒拍摄的快拍并且中间不能暂停。

（3）模板。抖音提供了大量带背景音乐和特效的视频模板，用户只需要上传手机中已有视频或者图片就可以做出一个精美的抖音作品。

图 3 - 23　美化与倒计时

（4）开直播。用户可以在这一模块中开始视频直播。新手开直播还需要完成身份认证，即输入真实姓名和身份证号。

（5）K歌。抖音增加了新的 K 歌功能，通过此功能，大家可以直接在抖音中选择适合自己的音乐录制演唱视频。

3. 视频编辑界面　拍摄完成后，弹出视频编辑界面，点击上方中间位置的"选择音乐"可以跳转至更换音乐界面。用户可以浏览或者直接搜索喜欢的歌曲为视频添加背景音乐，如图 3 - 24 所示。音乐既可以在拍摄完视频后添加，也可以在拍摄开始前选择音乐。音量功能可以选择调节视频原声和配乐的音量大小，如图 3 - 24 所示。

另外，用户可以自由选择界面右侧存本地、剪辑、文字、贴纸、特效、滤镜、美化、自动字幕、画质增强和变声功能来处理视频。

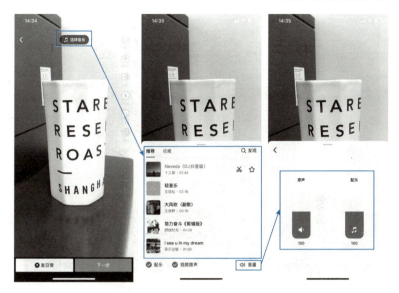

图 3-24　选择音乐及调节音量

　　特效分为滤镜特效和时间特效（图 3-25）。滤镜特效包括梦幻、动感、转场、自然、分屏、装饰、材质 7 个分类。可以拖动视频下方的时间轴选择需要加特效的位置，然后长按选中的特效效果决定特效持续时间。一个视频可以混合多种不同的特效。时间特效有 3 种，时光倒流、反复和慢动作，点击即可添加。若视频拍摄时间过短，则不会出现时间特效分类。

　　以上工作完成后，点击右下角"下一步"，进入发布界面。可以在界面上方的文本框输入想说的话或者想要@的人，当然也可以不加；文本框下方可以选择定位，以及选择本视频是否私密（是否对外）；然后，点击发布界面右上角的"选封面"，从当前拍摄的视频中选择一帧画面作为发布后的视频封面；最后，点击发布即可（图 3-26）。发布的视频会显示在"我"界面的作品里。

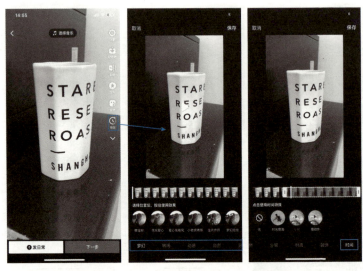

图 3-25　滤镜特效和时间特效

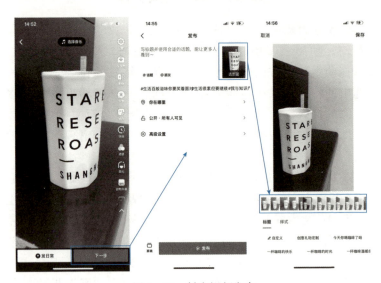

图 3-26　抖音视频发布

练一练

　　选用分段拍，录制一段不少于 60 秒的短视频，需要人物与景物切换，加入不少于 3 种特效。

第四章

短视频怎么拍

▶ 学前提示

　　很多三农短视频创作者很苦恼，为什么自己拍的短视频不能上热门呢？播放率和点赞率都很低呢？分析大量短视频后，可知大部分三农短视频创作者拍摄的作品内容很随机，选题无新意；作品画面晃动、背景杂乱；有些模仿类、创作类的短视频在表演中还会出现很多差错。究其原因是三农短视频创作者在拍摄短视频的技术上还需提高，在思维上还需要转变。

✈ 要求展示

- 拍摄设备准备
- 拍摄创作过程
- 拍摄基本常识

在挑选农产品时，没人想要看一个很长、节奏很慢的货品描述；相反，他们想要看直观、快节奏的视频。拍摄的短视频质量越高，也就越有机会吸引客户购买。本节重点讲解如何拍出优质的视频。

一、拍摄设备准备

从基础入手，三农短视频创作者具备以下 3 种设备即可完成视频拍摄。

1. 智能手机 现在的智能手机能拍摄 1 080p 全高清视频，甚至拍摄 2k、4k 画质也能轻松驾驭；并且拥有很多视频拍摄的功能，如延时摄影、慢动作等，使得手机不仅能够拍出好照片，也能拍出有意境的视频。只要懂得一些视频拍摄与剪辑的技巧，无须购入专业的摄影设备，仅用一台普通手机就能拍出较好的短视频。

2. 三脚架 作为短视频创作者，最好是备一个三脚架。三脚架可以保证拍摄时摄像机平稳，并固定拍摄角度。只需保证脚架的位置和高度不变，你在每次拍的时候角度都能保持一致。

3. 辅助工具 想拍摄出优质的视频，拍摄细节也很重要，如灯光、构图、造型、运动拍摄等。可借助相应的辅助工具帮助完善细节。

二、拍摄创作过程

1. 明确你账号的整体定位 即确定你所拍摄短视频内容的一个大的类别。例如，知识科普类、搞笑类，或者日常生活类、售卖农产品类等。确定一个大的类别后，你所创作的每个作品内容尽量在这个范围之内，也就是说要专注于一个领域进行拍摄（图 4 - 1）。你的作品垂直度越高、定位越准确，越容易被平台推荐。长期下去，系统就会给你的账号打上相应的标签，优先推送给相应的受众。

📡 **小贴士**

垂直度指的是你的视频要专注拍摄一个领域、一个范围的内容，是衡量作品的一个关键的标准。例如，选择领域为农村生活，那视频就可以拍摄做农家菜、砍柴烧火、养鸡养鸭、锄地种菜等属于农家生活领域的具体内容。

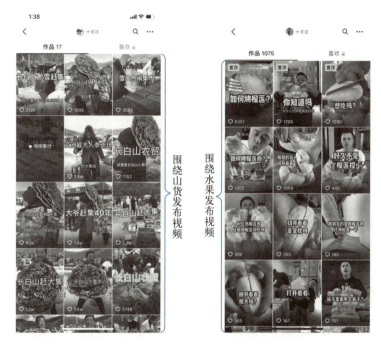

图 4-1　围绕山货、水果进行拍摄的账号

2. 明确拍摄主题　拍摄主题是短视频拍摄内容的中心主导。所有画面内容都要围绕和指向拍摄主题。拍摄主题要设定在你定位的整体领域之内。例如，拍摄美食专家系列，将"如何做鱼香肉丝"设定为拍摄主题，视频的内容就是烹饪鱼香肉丝的具体步骤。例如，你的账号定位是乡村日常生活，"做野菜饽饽"就可作为一个具体的主题，在你账号的整体领域之内。

📡 **小贴士**

　　例如，一位专注分享农村生活的短视频创作者，她的视频有时展示一顿饭的制作过程，有时展示如何利用各种果子做小甜点，甚至还有弹棉花的日常农活。看似毫无关联的"故事"却都没有脱离农村生活这条主线。

3. 进行剧本创作　剧本创作主要考虑拍摄主角是谁？采用什么背景和环境？开头拍什么内容？中间拍什么内容？以什么镜头结尾？三农短视频创作者在创作时可以写一个简单的脚本。以短视频《种豌豆》为例编写脚本，如图4-2所示。

脚本						
构架	**具体经过**					
主题	种豌豆					
内容	挑种子	空镜（环境）	全景（环境）	中景（递进）	特写（挑豆子）	
	种豆子	全景（走路）	远景（人和环境）	近景（人物）	特写（撒豆子）	大特写（撒豆子）	全景（埋土）
	摘叶子	空镜（环境）	全景（人和环境）	特写（具体动作）			
结尾	吃火锅	特写（锅）	中景	特写	特写（菜叶）	大特写（菜叶）	近景吃火锅

图4-2　短视频《种豌豆》脚本分析

视频脚本主要是用来确定故事的发展方向，指导短视频的拍摄剪辑。很多细节内容都需要我们在撰写短视频脚本时确定下来。如果在拍摄前没有写短视频脚本，在拍摄时可能会出现各种差错。

小贴士

脚本是拍摄短视频所依靠的大纲，也是故事的发展大纲。我们在拍视频前，需要在视频脚本中确定拍摄的整体框架。脚本包括故事发生的时间、地点、人物；每个人物在每个时段的台词、动作及情绪的变化；每个画面拍摄的景别分别是什么；用哪些拍摄手法来突出特定场景的环境、情绪等。

4. 拍摄视频及剪辑　包括现场的场景布置、主角演绎、拍摄，以及后期剪辑、输出等。

> ⚙ **练一练**
>
> 　　为"我的农村生活"拟一个具体的拍摄主题，进行剧本设计，请写出拍摄题目、剧中主角、背景环境、情节内容、结尾。

三、拍摄基本常识

（一）认识光线

　　光是摄影的生命，有了光，万物才有了可以被感知的形态和颜色。拍摄前，拍摄者脑中一定要有光线的概念。光线运用得好，可以让我们拍摄的照片或视频效果提升不少。例如，可以运用顺光、逆光等来突出表现物体与人物；场地的光线不足会影响视频的清晰度，我们可以适当打光来补足。

　　要想合理使用光线，我们先了解不同的光位产生的效果。光位图，见图 4-3。

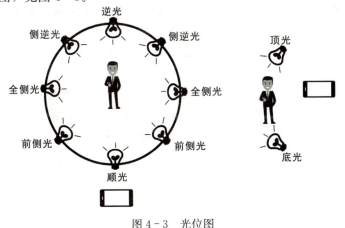

图 4-3　光位图

1. 顺光　光的照射方向与照相机的拍摄方向一致或者是基本一致；阴影被遮挡在被摄体后面，在画面的构成上没有明显的明暗关系。顺光可以使被摄体亮度均匀柔和，也能更好地遮挡皮肤瑕疵，但会使被摄体缺乏立体感和塑形感。

拍摄要点：顺光拍摄时要注意画面层次感和立体感的营造。可考虑通过色彩差异拉大主体与背景的分离度，提高画面立体感。

2. 逆光　光的照射方向与拍摄方向是相反的；被摄体的边缘有明显的光线轮廓，在画面构成上有明显的明暗反差。逆光又被称为"轮廓照明"，是拍摄中一种特别的用光方式；画面效果十分生动，且富有造型特点。

拍摄要点：逆光拍摄时，为了防止镜头进光，尽量使用镜头遮光罩或是遮光板；为防止在画面构成上明暗反差过大，可以使用反光板或闪光灯等补光工具控制亮度平衡。

3. 侧光　光的照射方向与拍摄方向呈 90°的夹角关系。被摄体有明显的受光面和背光面之分，光的方向和明暗关系十分明确。侧光可使被摄体有鲜明的层次感和立体感，又被称为"质感照明"。

拍摄要点：运用侧光拍摄，适合表现个性鲜明、硬朗的形象，不太适合表现浪漫、柔和的场景。可以使用反光板或闪光灯对背光面进行补光，以减小受光比例（光比），使画面效果更为柔和。

4. 顶光　光从头顶上照射下来，又叫"骷髅光"。最具代表性的顶光就是正午的阳光。这种光使凸出来的部分更明亮、凹进去的部分更阴暗，会使人物的眼睛、鼻子下方出现较深的阴影。

5. 底光　光从人的脚下垂直向上照，往往会使被摄主体显得残暴、阴暗，仅使用底光容易形成阴险、恐怖、刻板的效果。

小贴士

拍摄人物时，建议不要在正午拍摄，正午光线最刺眼，对比强烈、缺乏生气，容易出现"阴阳脸"；拍摄的黄金时段是清晨或傍晚，这时的光线柔和、色调温暖，会给被拍摄人物蒙上一层"柔和的面纱"。

练一练

选择一种农产品，分别利用顺光、逆光、侧光、底光、顶光5种光位进行拍摄。

（二）认识景别

有时候我们眼睛看到的景色很美，可是拍出来之后，效果却是差强人意，远达不到直接看到的美，其实是因为你没有选取合适的景别。下面带大家了解下景别。

什么是景别呢？就是镜头的取景范围，即被摄体在镜头中所呈现出的大小的区别。

景别的划分，如图4-4所示。一般以人物在镜头中的大小为参考标准，可分为5种，由远至近分别为远景、全景、中景、近景、特写。

在出现电影、电视之前，人们常看舞台剧，你无论坐在哪里都能看到舞台全貌，就没有景别这个概念。而后，电影、电视逐渐步入大家的日常生活中，景别的概念就随之产生了，导演可以通过对景别的选择，促使观众看什么、关注什么、忽视什么。那我们想拍摄短视频，就要思考我想让观众看到什么，短视频想要表达什么想法。景别决定了可被看到的内容，有强调性、选择性，不同景别可以表达不同的意思。好看的视频就是能合理运用

图 4-4　景别的划分

不同景别来叙述一个完整的内容。

1. 远景　即拍摄广阔空间或开阔场面，常作为开篇、结尾或过渡画面。远景是视距最远、表现空间范围最大的一种景别，如村庄的远景（图 4-5）。

作用：可以用来拍摄乡村整体风貌、地理环境、自然风貌等开阔的场景、场面；人物在画面中所占范围较小，甚至呈现为点状；以景物为主，借景抒情。

图 4-5　村庄远景

2. 全景 拍摄近距离的人物全身形象或某一具体场景全貌（图 4 - 6）。

作用：常可以用来拍摄人物运动，以完整表现人物的形体动作；也可用于展现人物与环境的关系、某些物品的具体位置等。通过表现一个事物或场景的全貌来营造背景气氛。

图 4 - 6 具体场景全貌图

3. 中景 一般指拍摄人物膝盖以上部分或场景局部，拍摄的画面中人物整体形象和场景空间降至次要位置（图 4 - 7）。

图 4 - 7 中 景

作用：常可以用来拍摄人物局部具体的动作和形态，如人物手臂的活动；突出展现人和人、人和物之间的互动等。

4. 近景　拍摄人物胸部以上部分或近距离展示物体特征（图4-8）。

作用：常用来拍摄人物面部神态、单个物品的特征等，是刻画人物性格和展示物品状态的主要景别。

图4-8　近　景

5. 特写　拍摄表现成年人肩部以上部分或某些被摄对象细节内容（图4-9）。

作用：特写画面内容单一，可起到放大形象、强化内容、突出细节等作用，给观众带来一种仔细探索的意味。常用来拍摄产品和人物的细节等。

不同的景别可以拍摄出不同的效果。对同一被摄体，可以尽量多选择几种不同的景别进行拍摄，以展现被摄体不同面的情

图 4-9　特　写

况。手机不像单反相机，镜头无法进行无损的光学变焦；所以，我们在拍摄时要多走动，不断改变与被摄体的距离和角度。这样我们也可以发现新的拍摄思路。

练一练

　　以"我的小院"或者"我的农村生活"为主题，分别取远景、全景、中景、近景、特写，拍摄同一被摄体的不同状态，每段不少于 10 秒。

（三）拍摄手法

　　一个完整的短视频作品都是将一个或者多个镜头组合设计而成的。不同的拍摄手法能产生不同感受。拍摄手法指的是镜头在拍摄中的运动形态。拍摄手法可直接影响短视频作品的整体效果。

短视频拍摄手法包括固定机位拍摄和运镜拍摄两种方式。

1. 固定机位拍摄　指的是摄像机或者手机保持静止不动的拍摄方法。这种拍摄方法比较简单，一般使用三脚架或者其他的稳定设备来进行辅助拍摄即可。固定机位拍摄有很多种视角，如可以将机位隐藏在花草后面。

固定机位拍摄有 3 个技巧：

（1）拍摄进程明确。在拍摄过程中，要明确时间、地点、人物、事件、结果，以确保固定机位能囊括整个拍摄进程。

（2）拍摄动态主体。固定机位拍摄时，拍摄角度、范围是静止不动的，所以人物或者风景等被摄体应是动态的。

（3）动作衔接。动作衔接包括同一个动作不同角度拍摄、一系列动作前后拍摄。单一角度拍摄的动作会显得单薄、过度平面化。为确保最终呈现给观看者一个完整的动作，且画面丰满、

衔接自然，这就要求你对同一个或一系列动作，在不同角度或时间，进行反复拍摄。

2. 运镜拍摄　指的是在一段拍摄中通过移动设备位置或者变化镜头焦距进行拍摄。简单理解就是让镜头动起来，让观众的视线突破镜头画框的限制，如镜头一直跟随人物移动。使用运镜拍摄手法的镜头设计比较丰富，非常适合剧情类、特效类的短视频。

（1）推镜头。推镜头是最常见的一种运镜技巧。在拍摄的时候，镜头缓慢向前移动，不断地靠近被摄体，使被摄体在画面中的占比逐渐变大。例如，要拍摄一个人物，镜头向前推进的过程中，人物在画面中的比例逐渐变大，由整体向局部过渡，让人物细节更加突出。

推

相机向被摄体推动，
被摄体逐渐变大

（2）拉镜头。与"推"的运镜方向刚好相反。在拍摄过程中，镜头逐渐向后拉远，让镜头远离被摄体。成片的视觉效果也与"推"相反。

相机远离被摄体，
被摄体逐渐变小

　　"拉"的运镜技巧能起到交代环境、突出现场的作用，让看视频的人了解被摄体所在的环境特点，增加画面的氛围。

　　（3）摇镜头。在固定位置沿着弧形轨道旋转手机或者相机。

　　镜头可以是向左、向右旋转，也可以向上、向下旋转。记住关键点就是机身保持原地不动，镜头移动的路径呈弧形。

（4）移镜头。一般是指将镜头在水平方向上移动拍摄，注意设备是直线运动的，不改变俯仰角度。此种运镜可产生全景展示和巡视的效果。

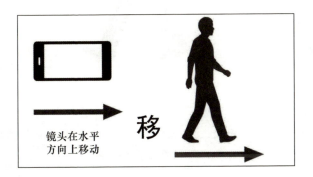

小贴士

移镜头的运镜技巧也可用于拍摄景观。例如，拍摄辽阔的乡村风光，可以采用横向的水平移动；拍摄建筑、山峰等高大的主体，可以采用纵向移动。拍摄小场景也可以使用。

（5）跟镜头。可以理解为跟随被摄体拍摄，即被摄体移动时，镜头一直跟随被摄体移动。例如，从后边跟随拍摄一个向前走动的人，或者在正面拍摄走向镜头的人。

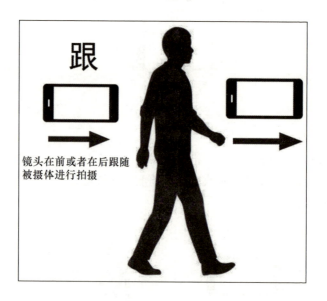

镜头在前或者在后跟随
被摄体进行拍摄

小贴士

镜头从人物正面、反面进行跟随拍摄，要确保与被摄体保持相同的移动速度，同时要注意脚下的安全。

（6）升降镜头。镜头纵向移动拍摄画面，从多个视点表现场景；包括垂直方向、斜向升降及不规则升降，改变镜头的高度、不变动最初俯仰角度，创造更加丰富的视觉感受。随着镜头的升降变化，所呈现的画面极具视觉冲击力，给人一种新奇而深刻的感受。

镜头逐渐上升或下降进行拍摄

🌐 **小贴士**

　　升降拍摄要掌握好速度和节奏，可以表现一个主观事物的情绪，与其他拍摄技巧结合运用可以表现出更丰富的视觉效果。

　　（7）环绕镜头。指的是镜头围绕着被摄体进行 180°或者360°旋转拍摄。这种方式能全方位地展现被摄体，给视频增加一种独特的视觉效果。

🌐 **小贴士**

　　环绕运镜就犹如巡视的视角，能够突出主体、渲染情绪，让整个画面更有张力。

🛠 **练 一 练**

　　运用推、拉、摇、移、跟、升降、环绕运镜手法拍摄关于"我的家人"等短视频，每段不少于 10 秒。

（四）短视频构图

　　除了运镜、转场这些技巧性的叙述手法外，构图也能影响画面的主题表达、视觉重点及层次感，以及作品的表现力和感染力。好的构图能凸显画面的中心，突出视觉重点，层次更分明，主题表达更明晰；相反，一个不好的构图，则会使画面没有中心，甚至使一个有魅力的主角泯于众人。下面给大家介绍 4 个常用的构图法则。

　　1. 三分法构图　　又叫黄金比例构图法，是指把画面横分 3份，每一份中心都可放置主体形态。这种构图适宜多形态平行焦点的主体，也可表现大空间、小对象，也可反相选择。这种构图下，无论是横屏拍摄或竖屏拍摄，建议将主体放在画面的 2/3处，即将主体放在手机九宫格的 4 个交叉点。

三分法构图可以产生一种令人舒适和平和的清透感，这也符合中国审美中"留白"的原则；尤其是在拍摄生活日常类视频时，可以让平常的事物展现出一种美好的感觉。留白让画面构图更加好看，同时又能使观众的视线聚焦于主体。例如，拍摄时常用"三分构图法＋横移跟随"，在运动、行走的画面中，把更多空间放在视觉消失点的地方会让观感更加舒适，凸显主体的同时避免主体位于边缘而产生的呆板。

2. 框架式构图 是利用框架将画面重点框起来的构图方法，引导观众注意框内景象，直接展示视频主题。同时，这种构图方法在短视频中会让观众产生一种窥视的感觉，使画面充满神秘感，引起观众的观看兴趣。在采用框架式构图时，不要忽略已有的框架，合理用如门框、窗框、树木等构成相框，显出层次感。

3. 中心构图 是指让主体始终位于画面最中心的位置。拍

摄人物时，具有突出重心、丰富表达人物神情和姿态的特点，适用于环绕运镜；拍摄建筑时，能凸显建筑，使其更具威严、宏伟效果。例如，"中心法构图＋仰视环绕"的拍摄方法，使得镜头在环绕运镜中始终让主体处于画面中间位置。中心构图还可以运用在前推或者后拉运镜中，再加入移动延时的拍摄，使画面具有动感效果。

4. 对称式构图　对称式构图具有平衡、稳定、相呼应的特点，是视频拍摄中运用最广泛的构图法之一，一般对应视频拍摄中的推、拉运镜。顾名思义，对称式构图就是让视频中的元素，即人物、建筑、环境等，在画面中呈现出对称关系，而并非一定处于画面正中心的位置。例如，画面以任意中轴线呈现两边对称，摄影师手持机器平缓向前推进。

在拍摄短视频时，构图方式的运用并不是单一的，我们可以将两种以上构图方式与拍摄手法相融合，以将画面清晰地展现出来，丰富视频效果。

第五章

三农短视频拍什么

▶ 学前提示

　　随着乡村振兴战略的实施，在全国范围内大规模开展了农民手机应用技能培训活动，让农民充分享受"互联网＋农业"的红利，充分发挥移动终端在发展农业生产、便利农村生活、促进农民增收等方面的积极作用。农民营销模式逐步由传统销售到图片展示、再到短视频动态展示，这已是必然的趋势。短视频平台崇尚优质的内容，尤其在三农领域更加倾向精细化的内容；所以，三农短视频创作者要对自己拍摄的内容进行深耕，体现三农领域的专业性，以获得平台大力扶持。

◀ 要求展示

- 突出拍摄生产过程
- 突出体现新农村
- 拍摄三农专业知识和操作小技巧
- 借助事件拍摄
- 模仿拍摄
- 拍摄三农日常
- 打造独特的人设
- 挖掘产品卖点拍摄

在当下主打注意力经济、贩卖流量的短视频市场中，短视频的创作需要坚持"内容为王"，以内容为核心竞争力，发挥创新思维、品牌思维以提高产品内容与形式的质量。很多三农短视频创作者不知如何选择拍摄内容才能更吸引人。在此介绍三农短视频可拍摄的 9 个方面，提供三农短视频创作者更多的内容选择，实现短视频助农营销。

一、突出拍摄生产过程——充满期待

农产品从种植到生产再到后期加工的流程，都可以成为短视频的内容。

例如，种植大桃可以用短视频记录大桃的施肥、剪枝、开花、结果等生长过程，给受众营造一种期待感（图 5-1）。

图 5-1　拍摄大桃种植的过程

小贴士

三农类短视频要给消费者以真实感和信任感，长时间的积累、逐步渗入式宣传能更深入人心。

二、突出体现新农村——传播正能量

拍摄农村的好山好水、农民的劳动场景、村里的变化、风俗习惯、日常生活等，展现新农村新风貌，让城里人了解农村生活（图 5-2）。

图 5-2 拍摄农民培训、乡村环境、农村文娱活动

小贴士

正能量的作品要符合社会主义核心价值观，宣传党的政策。

早期的三农短视频是靠草根性和个性取胜，如今要获得更多关注，应该转变思路，结合当地传统文化和生活现实，进行层面更广、更加深入的挖掘。例如，围绕相关政策，讲述农村发展、农民医疗、空巢老人、留守儿童、乡村教育、农村环境等变化；

或者对当地传统文化进行挖掘，寻找一些外人很少知道的老物件、传统风俗等在新生活中应用，展现一个地区或者乡村厚重的历史特色文化与新思维的碰撞，引起社会关注，改变旧认知。

三、拍摄三农专业知识和操作小技巧——打造专家形象

三农短视频创作者拍摄三农类型的短视频，内容不应局限于农村生活，或者搞笑段子，建议多倾向于三农专业知识的分享，如养猪知识、养鸡知识、种花种草知识等。将自己三农方面的专业知识储备，通过简单易懂的方式传递，以更精准击中目标受众。通过发送干货性质的内容，教会受众一些实用的三农常识和操作技巧，使其能够解决平时遇到的一些难题，从而保证受众的忠实性。例如，大桃种植户拍摄套袋、梳花等种植专业知识（图5-3）。

图5-3　拍摄果树管理专业知识

小贴士

每个农民都是自己产品的产品专家，你最了解自己的产品，总结自己在种植、施肥、疏花、保存等方面的经验，均可分享给受众。

四、借助事件拍摄——营造营销机会

三农短视频创作者可以借助实时热点事件和假期节日事件，烘托氛围、提升影响。每个可借助的事件都是三农短视频创作者很好的营销机会。

（一）实时热点事件

借助实时热点事件来布局，围绕热门话题、热点新闻等创作视频（图 5-4）。在抖音视频中，有个专栏"抖音热榜"实时更新热点新闻、热点话题等。可以参与热点话题，拍摄相应视频增加自身账号的热度和流量。

图 5-4 "抖音热榜"与热点话题

练一练

尝试与热门事件合拍一个视频。

（二）假期与节日事件

假期是人们比较期盼的，于工作而言，假期意味着休息和放松；于生活而言，意味着团聚和旅游。现代都市人们都很希望在假期带着亲人感受一下乡土文化，带孩子体验一下农耕生活；所以，三农短视频创作者应抓住时机，在假期前发布重点宣传农村休闲旅游、乡土情怀、体验劳动等的视频。

中国有着上下五千年的悠久历史，拥有很多传统节日，三农短视频创作者也可以在节日时制作一些与之相关的内容。例如，中秋节是一个全民节日，三农短视频创作者就可以选用中秋节的相关元素去制作视频，如月饼、嫦娥奔月等。

除了中国的传统节日外，还有一些具有当地民情、风情的地域性节日。例如，草莓节、桃花节、樱花节、橙子节等。三农短视频创作者要善于抓住节日主题进行营销（图5-5）。

例如，可以在节日之前，拍摄与

图 5-5 节日视频

节日活动相关的知识推广视频，宣传当地的节日活动；也可以在节日当天拍摄参与节日活动的视频，以吸引大家观看。

尝试为你家乡特有的节日拍摄一个视频。

五、模仿拍摄——增加曝光率

模仿当下最热的视频，通过翻拍、使用原声或同款 BGM、参与"挑战榜"中挑战赛等方式来进行拍摄，在创作中基于自己账号情况加入特色。若原视频处于热度期，会形成较好的效果，达到更多的曝光。

图 5-6　"挑战榜"与挑战赛

练一练

尝试模仿拍摄一段热门视频。

六、拍摄三农日常——引起共鸣

以你和家人、朋友身上发生的故事为原型，提取其中的精华进行内容创作。通过描述接地气的生活获得大众的共鸣，从而达成更好的传播效果。

例如，"巧妇9妹"去山里抓鱼的短视频作品（图5-7），河边的流水声等都可以直接通过视频传递到受众耳中。还有很多农村特有的元素如菜园、草垛、鱼塘、果园、田野等可以用在此类视频中。

图5-7 "巧妇9妹"的短视频作品

可以通过对主角生活点滴的记录，呈现乡村生活的常态。视频整体风格要朴实自然，既不刻意猎奇，也不哗众取宠，带给受众近距离的真实乡村生活体验。

七、打造独特的人设——增加识别度

一个优秀的主播是有着独特的人格魅力的，而其人格魅力就来源于为自身打造的独特人设。什么是人设呢？简单说就是通过塑造外貌、穿衣打扮等的固有形象，或者展示十分明显的性格特征，带给受众独特的人物印象。

抖音上如何让人一下子就记住你，是一件极富技术含量的事情，而打造独特的人设是增加识别度的最佳途径。从娱乐明星到商业名人，大部分都采用过打造人设这一方法去增强自己的识别度。

三农短视频创作者可以综合考虑自身性格、所销售的农产品特性及拥有的拍摄条件，来决定打造一个什么样的人设。

例如，"华农兄弟"（图5-8）原为竹鼠养殖户，通过介绍竹鼠的特性和花样吃竹鼠的理由而被人记住，即为自己打上了"竹鼠养殖""吃货"标签。他们的话题还给予网友二次创作的空间。例如，在视频中采用竹鼠淋了雨、竹鼠打架了、竹鼠中暑了等花样吃竹鼠的理由，网友截图并配上竹鼠内心独白：我没淋雨、我没打架、我没中暑等，带来新一轮的传播。花样吃竹鼠的视频走红后，"华农兄弟"曾发文称："吃竹鼠的理由不够用了，大家一起来贡献点子。"通过这类互动话题让受众参与进来，增加互动，扩大传播范围。

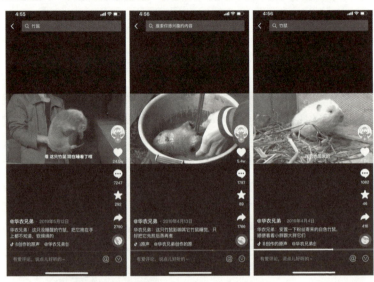

图 5-8 "华农兄弟"短视频作品

八、挖掘产品卖点拍摄

三农短视频创作者在发布视频时通常会详细展示商品信息，包括展示产品的型号、价格、库存等基本信息，以及展示商品的品牌、包装、重量、规格与产地等信息；但是展示的信息若太过杂乱，反而会起到相反的效果。我们应该在视频中凸显产品最大的特点、突出产品优势亮点以形成产品的卖点。那么，如何挖掘产品卖点呢？在此介绍 4 种方法。

（一）围绕产地或环境挖掘卖点

农产品比较贴近大家的日常生活，产品基本功能一般广为人知。如何深入挖掘出除却产品基本功能外的农产品特质，就是一种对卖点的挖掘。针对产品特质的挖掘，我们可以从下面两点出发。

1. 产地　将产地作为农产品特质已在众多农产品上都有采用，如给农产品加持地域性的标志。例如，黑龙江省五常市是典型的农业大县（市）、国家重要的商品粮基地，拥有国家地理标志产品"五常大米"，该市地域保护范围内生产的大米均可使用"五常大米"标识，在视频中便可以产地为粮食基地打造卖点，甚至可进一步介绍产地气候等（图 5-9）。

图 5-9　围绕产地拍摄的作品

若没有产品相关地域性标志等，可以试着从高山、河流、湖泊等产地特征来塑造卖点。

2. 环境　环境指的是农产品的生长环境指标，如光照、降水、空气等级、湿度等，不同的农产品对于这些环境的需求也不尽相同。例如，大家熟知"光照好，温差大，水果就甜"，而新疆的光照强度好、温差较大，有助于哈密瓜糖分的形成与积累。可以由此证明来自新疆的哈密瓜的品质有保证（图 5 - 10）。这个挖掘卖点的方向同样适用于你的农产品。

图 5 - 10　围绕环境拍摄的作品

我们国内依据产地、环境，已打造很多具有地域性的知名农特产品品牌。如果你能通过互联网满足受众追溯农产品产地、环境的诉求，那么这类卖点的价值能得到更充分的发挥。

（二）围绕产品口感或外观挖掘卖点

1. 口感　指的是人们在口腔内咀嚼食物时产生的直接感受，是独立于味觉的另一种体验。随着生活的提高，人们对农产品口感的要求也是越来越高。农产品在适宜的环境中，会表现出比同类农产品更好的特性。例如，光照充足的环境带给哈密瓜更脆嫩的口感；肥沃的土壤长出的大米就更加饱满有嚼劲；精心培育后

72

的水蜜桃，果肉松软多汁（图 5 - 11）。

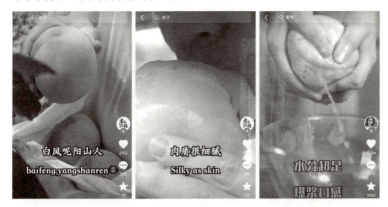

图 5 - 11　围绕外观和口感拍摄作品

2. 外观　指的是由农产品的个头大小、形状、长相、色泽、包装等具体外在带来的观感。农产品的外观同样是受众所关注的重点，个头大、形状饱满规整、色泽鲜亮等精致外观更能受到受众的喜爱。

口感、外观发挥出的产品特性的独特之处，能够给受众直接的感受。如果再添加相应的质量安全保障，增加产品的附加值，更能生成农产品的品牌效应。例如，提供农产品追溯码，扫码可追溯农产品整个生产与运输的过程，提供受众的更多的安全感。

（三）围绕附加价值挖掘卖点

附加价值指的是脱离产品本身的具有的其他价值。主要包括赠品和口碑两方面。

1. 赠品（图 5 - 12）　指的是除与价格等值的产品外，附赠的其他礼品。通过赠品辅助主打产品来提供超乎受众想象的优惠、便捷。例如，买了你的一箱雪梨，并附赠冰糖雪梨的做法及一份冰糖，为受众多样化食用产品提供思路及便捷。再如，买西瓜时，赠送勺子，以及懒人西瓜籽和种植说明，让受众不仅仅能得到单一的食用满足，还增加了生活的趣味性。

图 5-12　赠品介绍

2. 口碑　指的是客户对你的评价和信赖度。良好的口碑有助于你后续吸引新的受众和开拓新的产品。口碑的打造常依靠过往客户的购买量、评价、买家秀等（图 5-13），这些能够使新的受众产生信任，从而购买你的农产品。积累口碑是一个漫长的过程，要通过保质保量、诚实经营慢慢积累。

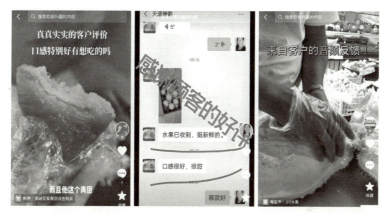

图 5-13 客户反馈

以上我们总结出了产地、环境、口感、外观、赠品、口碑 6个关于农产品的卖点，生产和销售农产品的朋友可以以此为支点，针对性地打造自己的农产品卖点。打造好卖点后，相信你的短视频会更好地助力农产品销售。

第六章

短视频怎么剪辑

▶ **学前提示**

　　短视频剪辑包括很多方面的内容，如人声剪辑、添加背景音乐、增加特效和字幕等，通过剪辑可使短视频质量更上一层楼。在智能手机得到广泛运用和 App 种类日益繁多的情况下，短视频剪辑已经可以在手机上完成。目前，最受大家青睐的剪辑 App 是剪映和快剪。本章将以剪映和抖音短视频平台为例，介绍如何进行短视频的剪辑加工。

◀ **要求展示**

- 认识界面
- 自主视频剪辑
- 快速视频制作

视频、照片等素材都拍摄好了，我们怎么对这些素材进行整理、拼接和编辑呢？这就要用到视频剪辑 App，如剪映、爱剪辑、快剪辑、会声会影等。这里我们主要介绍一下剪映的使用。

剪映

剪映是抖音推出的一款手机视频剪辑 App，带有较全面的剪辑功能，支持变速，有多样滤镜和美颜特效，有丰富的曲库资源。它支持在手机移动端、Pad 端、Mac 电脑、Windows 电脑端使用，非常适合新手小白学习使用。

 小贴士

下载安装 App 时请从正规渠道进行，如华为手机的应用市场、小米手机的应用商店、苹果手机的 App Store 等。

一、认识界面

我们先认识一下剪映 App 的主界面：

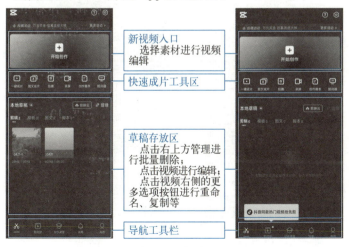

图 6-1　主界面

导航工作栏是我们后期制作时最常用到的，主要包含"剪辑""剪同款""创作学院"等模块。其功能分别为：

"剪辑"模块：进入剪映，默认呈现的是"剪辑"模块，可以对视频进行自主编辑。

"剪同款"模块：存放由网友提供的各种主题的视频模板，可以根据需要选择自己喜欢的模板，导入视频或照片后，快速生成视频。

"创作学院"模块：存放有网友上传的大量视频创作技巧课程可供学习。如果想进一步提升自己的视频创作能力，这是个不错的选择。

小贴士

本书以剪映 App 7.8.0 版本为例进行编写。

怎样查看剪映 App 的版本号呢？

第一步，点击界面左上角的设置（图6-2）。

第二步，查看版本号（图6-3）。

图6-2　设　置

图6-3　版本号

二、自主视频剪辑

认识了界面之后，我们就来学习一下自主视频的剪辑过程，即将视频、音频、照片等素材按照自定主题进行剪辑。

（一）添加素材

添加素材很简单，只需要经过以下 3 步：

第一步，在主界面中，点击"＋开始创作"（图 6 - 4），进入到素材选择界面。

第二步，选择素材（图 6 - 5）。可以选择一个或多个存储在手机上的视频或照片，也可以选择素材库里的素材。素材库里的

图 6 - 4　"＋开始创作"所在区域

图 6 - 5　添加素材

素材是按照类别进行分类的。如果你需要自然衔接两个视频可以在"转场片段"里找；如果需要加入搞笑视频，则可以在"搞笑片段"里找。在添加素材前，要考虑好视频的主题，以便选择与之相关的视频、照片或素材。

第三步，完成添加（图6-5）。被选中的素材右上角会显示表示被选顺序的数字，并在界面的下方展示缩略图；同时，右下角的"添加"被激活变红色。当素材全部选好后，点击"添加"进入到视频编辑界面。

第四步，补充素材（图6-6）。如果在后期的视频编辑过程中发现有素材未添加，我们需要拖动时间轴上的素材，将白色时间定位线定位到需要添加素材的位置，点击时间轴右侧的"＋"，进入添加素材界面进行补充。

第五步，调整素材顺序（图6-7）。如果在后续的视频编辑

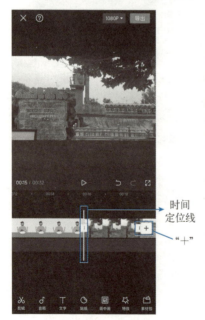

时间定位线

"＋"

图6-6　补充素材

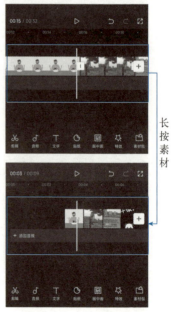

长按素材

图6-7　改变素材顺序

80

过程中发现素材前后位置需要调整，怎么办呢？以图 6-7 为例，共添加了 4 个素材，想要将第 4 个素材放到第 1、2 个素材之间，我们需要长按第 4 个素材不放，这时 4 个素材都变成了短方框，然后我们将第 4 个素材拖放到第 1、2 个素材之间即可。

小贴士

你可以在素材库的搜索栏内输入关键字，获得相应的素材哦！例如，搜索"桃子"，即可获得与"桃子"相关的视频，快去试试吧。

练一练

剪辑一段生活视频，视频由多段视频衔接而成，并在第 2、3 段视频中间添加一个素材库里的搞笑视频。

（二）视频剪辑

素材添加完成之后，便会进入到视频编辑界面，整个界面分为了 4 个部分：预览区、快速按钮、时间轴、工具栏。各部分详细介绍如图 6-8 所示。

被选中的素材可能并不理想，需要对其进行加工，如将不好的部分删除、将拖沓的部分快速掠过等。此时，剪辑工具可以帮助我们对视频进行基础处理，包括分割、变速、旋转、倒放等。点击主界面工具栏中的"剪辑"进入到视频剪辑界面（图 6-9）。

视频剪辑一般经过以下 7 个步骤：

第一步，调整素材时长。点击选中时间轴上需要剪辑的素材，此时，该素材被白色边框框住，素材左上角会显示该素材的时长（图 6-10）。如果是照片素材，可以通过拖动右侧边框能够增加或减少该照片的展示时长。

第二步，调节素材的展示大小和角度。素材被选中时，在预

预览区：可以播放查看剪辑后效果

快速按钮：左侧可以查看视频时长及每个素材的时长；右侧为预览、撤销、重做、全屏等快速操作按钮

时间轴：主要工作区域，左右滑动能看到添加的所有素材，每个素材中间由"｜"隔开。时间轴上的白色长竖线，是视频预览的起始点，它是固定不动的，可以通过左右划动素材，选定预览播放的起始点

工具栏：包含剪辑、音频、文字等多种工具。这些工具是我们编辑视频过程中最常用到的，可以根据需要进行选择

图 6-8 视频剪辑界面

图 6-9 视频剪辑界面

预览框

素材的时长

工具栏

图 6-10 素材被选中

览区中的素材由红色线框框住（图 6 - 10）。双指点住预览界面，
随着两指间距离的增大或缩小，素材也会放大或缩小；双指点住
预览界面后进行旋转，还可以改变素材展示的角度。

第三步，对素材细节剪辑。素材被选中后，操作主界面下方的
工具栏也发生了变化，使用这些新增的工具可以对素材进行分割、
变速、改变音量、添加动画、删除等一系列的操作（图 6 - 10）。

① 分割素材（图 6 - 11）。先拖动素材，将时间定位线置于要
分割的位置，而后点击工具栏中"分割"，将选中的素材于时间定
位线处分割成两个视频。这是编辑视频最常用到的工具，常用于
删除素材内的杂乱内容。例如，某个素材的前 5 秒钟是拍摄的准
备工作，想要将其删除，则可以拖动素材将时间定位线置于 5 秒
钟的位置，点击"分割"，视频会在 5 秒钟处分割开（图 6 - 12），
点击选中前面 1 段，再点工具栏中的"删除"即可。

图 6 - 11 "分割"与"删除"

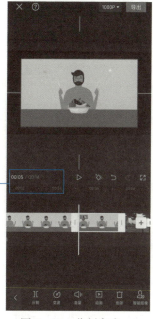

时间点
及时长

图 6 - 12 分割完成

83

②改变视频播放速度。点击工具栏中"变速"（图6-13），进入变速设置界面，包含两种变速工具，即常规变速和曲线变速（图6-14）。常规变速（图6-15）可以根据需要将视频统一加速0.1～100倍，可用于加速过渡内容；曲线变速（图6-16）可以根据需要将视频播放速度调为变化的，变化类型有几种模板可供选择，也可以自己定义。设置完成后，点击右下角对勾表示完成，回到变速设置界面，再点击左侧双箭头回到视频剪辑界面。

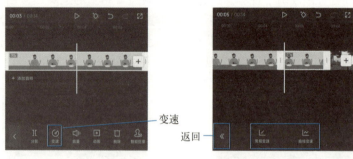

图6-13　"变速"　　　　　图6-14　变速工具

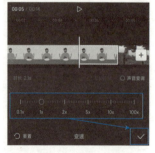　　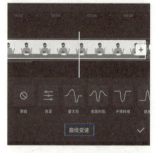

图6-15　常规变速　　　　　图6-16　曲线变速

③原声音量设置（图6-17）。点击"音量"，调节视频原声音量的大小。设置相对简单，根据需要调节音量大小即可，同样

84

点击对勾完成设置。

④ 增加动画效果。点击"动画"（图 6 - 18）进入的动画设置界面（图6 - 19），可设置视频进入、退出等动画效果。例如，我们想让视频的进入动画更抓人眼球，点击"入场动画"，弹出效果选项栏（图 6 - 20），其中有多个预设动画模板，点击预览，选择自己中意的模板，而后点击对勾返回动画设置界面。

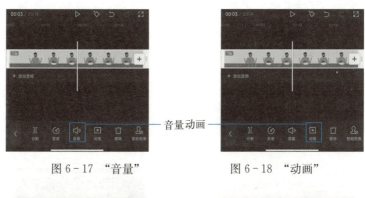

图 6 - 17　"音量"　　　　　　　图 6 - 18　"动画"

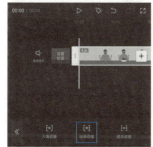

图 6 - 19　动画设置界面

图 6 - 20　入场动画选择

⑤ 更多设置。向左滑动工具栏，可以看到更多剪辑工具，如音频分离、滤镜、美颜美体、变声、倒放等。在编辑视频过程中，可以根据需要使用。

📡 **小贴士**

1. 当素材时长过长时，点住素材进行拖拉，能够放大时间轨道的间距，可以将时间精确控制到几秒。

2. 剪辑时，无论是进行变速、调节音量或其他操作，一定要先选中需要调整的素材。

3. 在讲解分割素材时的举例中，我们通过拖拉选中素材时出现的白色边框中前侧部分至 5 秒钟处，也可以将前面 5 秒钟的视频删除。

⚙️ **练一练**

将剪辑的生活视频进行细致化处理，添加入场、转场、退场效果，需要仔细观看的部分进行放大处理。

（三）添加音频

完成上面的剪辑之后，视频播放出来时只有原声，或者没有声音，为了增加视频的氛围或艺术感，我们可以适当地添加音频。应该怎么操作呢？一般分为以下 5 个步骤：

第一步，点击工具栏中的"音频"或者时间轴区域的"＋添加音频"（图 6 - 21）。进入到添加音频界面（图 6 - 22），通过界面下方的工具，根据需要添加音频。音频可以是音乐、音效，也可以自己录音。

第二步，音乐选取。在添加音

图 6 - 21　"音频"及"添加音频"

频界面选取"音乐",则进入音乐选取界面。剪映推荐的音乐有很多,可以根据分类查找、下载使用,也可以在"导入音乐"中使用自己手机中保存的音乐。

图6-22 添加音频界面

图6-23 选取音乐

值得注意的是,添加背景音乐时,需要根据视频的内容、情绪、节奏去选择。例如,搞笑的视频选择诙谐的音乐;动情的视频可选择煽情的音乐;视频故事情节前后有转折,则可以选择带有反转特效的音乐。

第三步,音频编辑
(图6-24)。往往一首音乐不能匹配整个视频,这就需要将多首音乐混合剪接到一起,以达到想要的效果。添加完音乐之后,我们发现在视频轨道的下方多了一条音频轨道。与视频剪辑类似,在选中后,

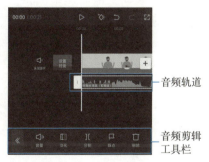
图6-24 音频编辑界面

便可对音频进行剪辑,如调节音量、分割音频、变速等。

第四步,调整时长。添加音乐完成后,定位到整首音乐的末尾,看一下,音乐的时长是否与视频时长一致。如果音乐时长长

于视频时长（图6-25），则点击选中音乐，将时间定位线置于视频的末尾，在工具栏中点"分割"，然后选中多余的部分，点"删除"即可。反之，可以再添加别的音乐，或者点击选中音乐，点工具栏最后的"复制"，继续使用相同的音乐（图6-26）。

两部分
作比较

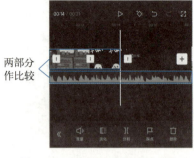

图6-25　音频与视频时长对比　　　　图6-26　复制音乐

第五步，设置完成。点击左侧双箭头回到编辑界面。

小 贴 士

　　为了避免添加的音乐与视频的原声互相干扰影响效果，可以点击视频最前方的"关闭原声"（图6-27），这样能把视频自带的声音全部关闭，或者点击选中视频，在视频编辑中调节其音量。

图6-27　关闭原声

练 一 练

　　给剪辑的生活视频配上合适的音乐吧。

（四）添加文字

1. 自主添加字幕 给视频适当地添加字幕，可以帮助观者更好地理解视频内容，那么怎么使用剪映添加视频字幕呢？

第一步，点击视频剪辑界面中工具栏的"文字"（图 6 - 28），进入文字编辑界面（图 6 - 29）。

图 6 - 28 "文字"所在位置

图 6 - 29 文字编辑界面

第二步，添加文本。点击工具栏中的"新建文本"（图 6 - 29），进入新建文本界面（图 6 - 30）。可以看到预览区出现输入文本预览框，点击左上角叉号可以将其删除；点按右下角符号可以通过拖放改变文字的大小和方向、角度；按住拖动整个输入文本预览

89

框，可以改变其位置。于预览区下方光标处，填写需要的文字。可以在光标下方区域，选择文字字体、样式、花样、气泡等。

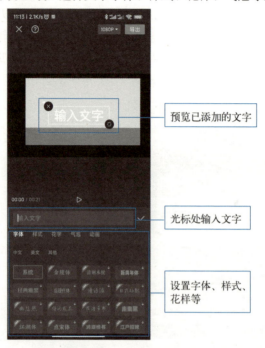

图 6 - 30　新建文本界面

第三步，文本添加完成效果。文本添加完成之后，点击"√"返回文本编辑界面。此时我们发现在视频上展示出了已添加文字，视频轨道的下方多了一条文字轨道（图 6 - 31）。

第四步，重新编辑已添加的文本。如果对添加的文本不够满意，则点击已添加文字右上角的编辑按钮，再次进入到新建文本编辑界面，重新进行文字编辑。文本添加及设置完成之后，可点击左下角的双箭头回到文字编辑界面。

第五步，使用模板文字。剪映系统中有许多已经设置好的文字模板，点击"文字模板"（图 6 - 32），进入文字模板界面（图

6-33)。在这里，可以浏览选择需要的文字模板套用到文字上。

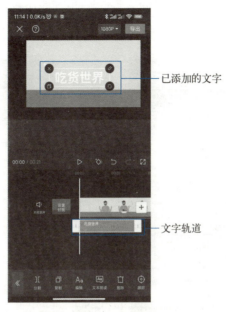

图6-31 文本添加完成效果

图6-32 "文字模板"

图6-33 文字模板界面

2. 识别字幕或歌词

（1）识别字幕（图6-34）。为了便于观看者听懂视频原声或录音，往往需要添加字幕，点击"识别字幕"，弹出识别字幕

91

选择框（图6-35），根据需要选择要识别的内容。识别完成之后会增加一条字幕轨道（图6-36）。识别完成之后一定要仔细检查一遍，自动识别容易出现识别错误，需要进行修改。

图6-34 "识别字幕"

图6-35 识别字幕选择框

（2）识别歌词（图6-37）。我们也可以将添加的歌曲歌词识别出来，步骤与识别字幕的类似。

小贴士

选中文字或字幕轨道，可以通过拖拽最右侧的白色边框来增加或减少文字或字幕的显示时间。

92

给剪辑的生活视频添加文字，并识别出添加歌曲的歌词。

字幕轨道

图 6-36 字幕轨道

图 6-37 "识别歌词"

(五)设置转场

拍摄视频时，我们一般是先拍摄多个片段，然后将它们组合成一个完整的视频。这些片段的场景、事件会有所不同，怎么才能很好地衔接起来呢？我们可以通过设置转场来实现。恰到好处的转场能够使片段之间过渡更加自然。

第一步，选择设置转场位置。前面讲到了，如果我们添加了多个素材，素材之间会由白框竖线（图 6-38）隔开。

点击需要设置转场处的白框竖线，即可打开设置转场界面（图 6-39）。

第二步，选择转场效果（图 6-39）。剪映内自带了许多不同主题的转场效果，可以浏览选定一个。

第三步，设置转场时长（图 6-39）。根据视频需要，可以设置 0.1～5.0 秒的转场。

第四步，完成（图 6-40）。点击转场设置界面左下角"应用到全部"，则所有素材的衔接都将采用这一转场效果；若不点击则仅设置该处，剩余的素材衔接需要再重新单独设置。最后，点击右下角"√"，设置完成。

可插入转场位置

图 6-38 可选择插入转场位置

选择效果 ——

设置时长 ——

图 6-39 转场设置界面

图 6-40 转场设置完成

练一练

　　给前面制作的生活视频设置"分割"特效转场效果，让视频衔接更连贯。

（六）设置封面

巧妙地设置视频封面能给受众留下深刻的第一印象，从而吸引受众观看视频，进而关注账号。那么如何设置封面呢？

第一步，进入封面设置（图6-41）。点击时间轴区域中的"设置封面"，进入到设置封面界面。

第二步，选择封面类型（图6-42）。我们有以下两种选择：一是通过左右滑动视频，选择某一个精彩的视频帧作为封面。例如，对于卖大桃的视频，我们可以选取大桃切开、果汁四溢的那一帧，让受众看到清晰、诱人的大图，刺激受众的视觉和味蕾。二是从相册中导入能够直击视频主题的图片，让受众一看就能明白视频的关键要点、核心要素。

图6-41 "设置封面"

第三步，封面装饰。点击封面设置界面左下角"封面模板"，进入封面模板界面（图6-43），选择适当的模板。需要注意的是，模板只是提供了图片上的文字和装饰，而不包括图片本身。

图6-42 封面设置界面

图6-43 封面模板界面

第四步，添加封面文字。点击封面设置界面右下角"添加文字"（图6-44），进入添加文字界面，操作方法与前面讲到的给视频添加文字一致。

第五步，完成操作（图6-45）。无论是封面模板，还是添加文字完成后，都点击右上角"√"完成操作，返回到封面设置界面，然后点击右上方"保存"，结束封面设置操作。若对设置不满意，点击"重置"，清除所有封面操作，对封面重新进行设置。

图6-44　设置封面　　　　图6-45　封面设置完成

小贴士

　　添加的封面文字位置应当醒目，直观地告知受众视频的关键核心内容。字数应控制在5～10个字，字体清晰醒目、易于识别，注意与底部图片有所区别，不互相干扰；也可以用疑问句或是省略句，引起受众的好奇。

练一练

　　给前面制作的生活视频设置一个吸引眼球的封面吧。

（七）更多操作

除去上面介绍的基本操作之外，剪映中还有贴纸、画中画、特效等其他操作。如果想要进一步提升短视频的制作水平，可以进入"创作课堂"（图6-46、图6-47）进行学习。

图6-46　"创作课堂"

图6-47　创作课堂

（八）完成

完成以上所有的剪辑操作之后，我们就能将视频导出并发布到短视频平台上了。

第一步，导出。点击视频操作界面右上角的"导出"（图6-48），进入导出界面（图6-49）。

图 6 - 48 "导出"　　　　　　图 6 - 49　导出界面

第二步，完成。弹出导出完成界面表示导出完成（图 6 - 50），导出的视频将存放在手机的相册中，再点击屏幕最下方的完成即可。

第三步，分享至短视频平台。如果想马上分享至短视频平台，可点击导出完成界面中短视频平台的图标，转至短视频平台App。以抖音为例，将进入抖音分享界面（图 6 - 51），点击右下角"下一步"。

第四步，发布（图 6 - 52）。填写完视频标题、话题等信息后，点击下方"发布"，视频便发布完成。

图 6-50　导出完成界面

图 6-51　抖音分享界面

图 6-52　抖音发布界面

你的生活视频剪辑完成了吗？尝试把它分享至抖音吧。

三、快速视频制作

前面介绍的是视频自主剪辑过程，剪映还提供快速制作视频的方法，即"一键成片"和"剪同款"。两者都是制作模板化的视频，制作过程非常简单。

（一）一键成片

剪映的"一键成片"功能可以帮助创作者快速地制作视频。对于新手创作者来说，可以尝试使用该功能来制作自己喜欢的视频。剪映的"一键成片"在哪里？应该怎么操作呢？下面就为大家介绍一下。

第一步，进入"一键成片"。进入剪映主界面后，可以在快速成片工具区找到"一键成片"（图 6 - 53）。

图 6 - 53 "一键成片"所在位置

第二步，选择素材（图 6 - 54）。点击"一键成片"后，进入选择素材界面。选择素材时，可以选择 1 个或者多个，可以同时选择视频和照片。要注意的是，一定要点击素材右上角的小圈圈；若点击素材本身，则会进入素材的预览界面。被选中时，素材右上角会显示红色的数字；同时，界面的下方会将选好的素材罗列出来。如果某个素材不想要了，可以直接点击该素材右上角的叉号将其删除掉。素材选择完成后，点击"下一步"，进入模板选择界面。

第三步，选择模板（图 6 - 55）。浏览选择需要的模板，视频将会自动套用模板。最后，点击右上方的"导出"，进入导出界面。

图 6 - 54　选择素材

图 6 - 55　选择模板

第四步，导出（图 6 - 56）。在导出界面中，选择合适的分辨率（分辨率越高，图越清晰），再点击"导出"即可。

第五步，完成（图 6 - 57）。导出成功后，会弹出分享界面。此时，成片已经保存至手机内存，可以进行第三方平台分享，也可以点击"完成"，结束操作。

图 6 - 56 　导　出　　　　　　　图 6 - 57 　完　成

📡 **小贴士**

　　在第三步"选择模板"时，点击模板中的"点击编辑"，可以进行简单的视频编辑（如替换、裁剪、音量等）和文本编辑（编辑视频中的文字）。

（二）剪同款

　　看到抖音的热门视频，你是不是也想制作同款视频呢？我们可以通过剪映中的"剪同款"功能来实现。

　　第一步，进入"剪同款"（图 6 - 58）。进入剪映主界面后，点击页面下方导航工具栏中"剪同款"。

图 6 - 58 "剪同款"

第二步，选择模板（图 6 - 59）。进入模板选择界面后，你可以看到很多网友制作的小视频，并依照"卡点""萌娃"等特点进行了分类，挑选自己喜欢或需要的视频模板。

第三步，模板预览（图 6 - 60）。点击模板，可以预览观看，如果满意，则点击右下角的"剪同款"；如果不满意，点击左上角的箭头返回模板选择界面，重新选择模板。

图 6 - 59 选择模板

返回重选

图 6 - 60 模板预览

第四步，选择素材（图 6 - 61）。操作方式与"一键成片"

相同。素材全部选择完成后，点击右下角"下一步"，进入编辑预览界面。

第五步，编辑预览成片效果（图 6-62）。在编辑预览界面里，点击"点击编辑"可以对选中的视频进行简单的编辑（如替换、裁剪、音量等）和文本编辑（编辑替换视频中的文字）。

图 6-61　素材选择　　　　图 6-62　编辑预览界面

第六步，完成。编辑完成后，与"一键成片"一样，点击右上方"导出"进行保存或分享至第三方平台。

练一练

选取你生活中的视频或者照片，快速制作一个抖音热门视频同款并发布吧！

第七章

怎么进行直播销售

▶ **学前提示**

　　农业生产者相对明星等更了解自己的产品，由其直播带货往往会更具有说服力，在网络直播平台上能更顺畅地与潜在受众互动，获得更多的销售机会。同时，农业生产者自己直播直销，既减少广告费用，又减少中间环节，使成本降低，物品价格也随之降低，农业生产者和消费者都能够受益。此外，直播可以连接城乡消费网络，增强城乡之间的交流与互动。只要直播平台、三农主播、政府监管部门都做好相应的工作，保证货真价实的产品和服务，直播这种销售方式便能持续健康发展。

▶ **要点展示**

- 直播前的准备
- 三农直播销售常用模式
- 直播间宣传技巧
- 直播间常用表达
- 直播间活动设计
- 复盘反思

互联网技术正高速发展，并在城乡之间被广泛应用，为乡村地区直播带货、拓宽农产品销售渠道、解决农产品卖出难问题、助力农户脱贫致富带来新的可能。通过直播销售，农民可以将产品更直观地展示给受众，可以有效地激发受众的购买欲望。同时，直播这种销售方式更能迎合小众消费和个性化消费的理念。

一、直播前的准备

（一）直播账号准备

大部分短视频平台具有直播功能，我们还是以抖音为例，介绍直播前账号准备。

第一步，在抖音主界面（图7-1）中，找到最下面"＋"，点击进入拍摄主界面。

图7-1　抖音主界面

　　第二步，滑动切换至直播界面（图7-2）。点击上面"更换封面"，为此次直播增加有吸引力的封面，在封面右侧输入直播主题，最多输入 12 个汉字。直播封面和直播主题要能充分展示此次直播的内容。

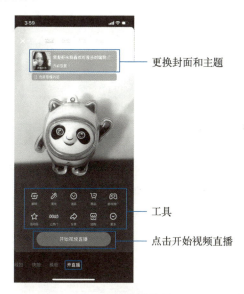

更换封面和主题

工具

点击开始视频直播

图 7-2　直播界面

　　在"开始视频直播"上方有一系列的设置小工具，"翻转"指的是手机前后镜头的切换；"美化""道具"可以起到美颜和装饰作用；"DOU＋上热门"用于付费推广；"分享"指将你此次直播告诉好友，可以分享给微信和 QQ 的好友。以上全部设置好后，便可点击"开始视频直播"开始直播。

小贴士

直播间封面和标题的运用

决定受众是否会进你直播间的第一要素就是直播封面和

标题。受众滑动选择视频时，给予每个视频的时间也就2秒左右；若在诸多直播间里你的封面能够脱颖而出，被受众选择的可能性就越大，直播间人气自然会增长。

直播间封面需要注意：

①直播间封面一定要画面干净清晰、简洁大方，以给人留下好印象。

②直播封面要突出人物标签和特点，要让受众第一时间知道你的直播间到底是做什么的。

③要让直播封面与直播内容有较大的关联性，反之会导致观众心理上的落差。

④标题可以巧设悬疑，引起大家的思考。例如，"为什么你不是千万富翁、你难道没有想过成为下一个打工皇帝吗？""你一直在犯的错误，自己却没有觉察。"

第三步，对直播间进行详细介绍（图7-3）。点击"设置"小工具，可以添加直播间介绍，以及对直播可见范围、清晰度、直播预告等进行设置。

图7-3 直播间介绍

其中，直播间介绍会展示在直播界面的评论区中，向刚入场的观众介绍此次直播的特色与精彩内容，吸引他们留在你的直播间。

第四步，使用直播工具。直播时，点击界面右下方的"…"（图7-4），展开直播工具栏。直播工具栏有很多直播工具，可根据需要进行使用（图7-5）。例如，"音乐"可以在直播时播放音乐，起到开场热场的效果，也可以在带货冷场时缓解尴尬。

点击"…"展开直播工具栏

图7-4　直播时界面

点击相应工具进行使用

图7-5　直播工具栏

小贴士

直播间音乐和音效的运用

音效和音乐不仅能调节气氛；同时，也能帮助控制直播间的节奏，为主播分担压力，让主播直播起来更加得心应手。

恰当地使用音乐和音效也能让你的直播间更具感染力。主播选择音乐要针对受众的喜好，好的音乐能够使受众停留下来，就拥有更多的时间去展现自己。但要注意音效和音乐的播放时机和音量大小，不要盖住了主播的声音。

（二）其他准备

1. 设备准备　一场直播，需要的设备主要是两部手机（一部手机直播，一部手机与受众互动）、手机支架、补光灯、声卡、麦克风等。这些设备具体的型号、配置根据自己的需要购买，要求至少拍摄画面、声音要清晰。

2. 场景选择　依照需求做好场景的选择，如果直播选择原产地，要先挑选好最能展示产品的位置；如果直播选择在直播间，要设计相应的背景提示。背景提示内容可以展示产品、直播主题，也可以展示此次直播的优惠等。

3. 明确直播主题是什么　直播目的可以是上新货、清仓、做活动。在每场直播之前都要先确定一个主题。主播可以根据自己要销售的产品设定不同的主题，如"新品黄桃专场""周年回馈老顾客""618大促"等。可以在直播前，配合活动海报、链接在朋友圈等做预热宣传。

4. 主播准备　直播前，主播需要了解产品的信息包括：

（1）产品名称、型号、产品功能；

（2）如何使用、针对人群；

（3）产品最大的卖点、产品故事；

（4）直播前价格、直播间的价格；

（5）此次直播销售重心和任务；

（6）直播期间的活动。

5. 直播货物准备　直播销售，必然得有产品。产品可以分引流款、利润款与品牌款3种。

（1）引流款：一般指价格低廉的优惠产品，帮助直播间吸引新的粉丝；

（2）利润款：产品以盈利为出发点，利润较高；

（3）品牌款：自己家的主打产品，以树立品牌口碑为主。

6. 准备直播脚本 直播脚本就是一个直播的完整流程。事先准备脚本，可以确保整场直播能够有条不紊地进行，有助于主播把握好直播的节奏。有了脚本，主播才知道在什么时间该干什么，还有什么是没有做的，保证足够内容被传达给观众。脚本设计主要包括流程怎么安排、语言怎么设计、优惠券发放多少、抽奖设置几轮。

直播脚本范本	
时间段	具体内容
1~5 分钟	介绍自己、介绍今天的活动，重点提及有抽奖、秒杀
5~10 分钟	介绍产品产地、营养、口感
10~40 分钟	展示产品、试吃、回答观众问题
	中间进行活动：发红包 50 个、抽奖 10 个
40~50 分钟	下单秒杀活动 50 单
50~60 分钟	强调关注直播间，预告明天几点准时开播、明日福利，建议粉丝下播后去看宝贝讲解

⚙ **练一练**

为你的直播编写脚本。

二、三农直播销售常用模式

直播的主要模式大同小异，但是主播可以通过选择合适的直

111

播场景获得更好效果。三农直播常用直播场景可以分3种。

1. 原产地直播　指的是在产品的产地进行直播卖货（图7-6）。这类模式适用不需要再加工的水果、海产品等。这种模式的优势是能够通过强化原产地的卖点，展现农产品的"正宗"，让消费者更加信任。

图7-6　原产地直播

2. 加工、库存直播　指的是在产品再加工的厂房或存放产品的仓库里直播（图7-7），主要适用于需要再加工、再包装的农产品。可向消费者展现产品生产链和供应链的实力。同时，厂房、仓库干净舒适的环境也能给观众带来很好的感官感受，提升产品品质说服力。

3. 直播间直播　指的是在专门布置的直播间中直播（图7-8）。主要适用于具有专门主播的产品直播间。打造一个专门直播间，有助于主播个人特征展示的同时，可根据每次的直播内容去装饰背景，让观众更有代入感。

图 7-7 加工、库存直播

图 7-8 直播间直播

三、直播间宣传技巧

没有人看的直播等于无效直播。要吸引受众观看直播、提升直播间的人气，首先得让更多的人知道直播的时间、重点内容和优惠信息，这就需要我们对直播进行宣传预热。下面介绍 7 种方法：

1. 预热视频 开播前发布直播预热短视频是最基础的预热动作。提前 2～3 个小时发布，在视频中告知观众和粉丝你的开播时间和内容，引导受众进入你的直播间。在预热视频中，可以通过小技巧，引起受众的兴趣。介绍 2 种较常见的小技巧。

（1）设置悬念。在预热视频中，可以针对邀请的嘉宾等设置悬念，在引起受众好奇的同时，也能进一步扩大邀请嘉宾的效用。常用的方法还有以问句留悬念的形式发直播预热（图 7 - 9）。

图 7 - 9 悬念预热

（2）设置诱惑。在直播预热视频中公布极具诱惑性的信息。这个诱惑的力度一定要大。例如，标明直播间会抽奖，奖品是某品牌包包、手机、护肤品等（图7-10）。有了这样的诱饵，你的直播预热视频不需要太长，尽量在15秒内完成信息的发布，勾起受众最大的好奇，让他们准点进入你的直播间。

图7-10　诱惑预热

📡 **小贴士**

　　预热视频发布后，及时回复评论，受众收到后会再次打开视频，增加播放量的同时，增加了账号权重与推荐量。可以在视频里抛出话题，引导受众留言讨论，提高评论量。

2. 设置吸引眼球的直播封面　直播封面中文字信息要清晰明了、突出主题，保证足够的留白区域展示产品，尽量选择真人搭配产品合照。

要善于通过视频封面抓住受众，建立受众期待。封面文案建议直接点明直播的高亮点，表明直播目的和活动特点；文案不宜太长，建议12个字以内（图7-11）。

图7-11　设置亮眼的直播封面

115

小贴士

切忌使用极限词，如最、第一、首家等。

3. 分享直播二维码（图7-12）　开播时，可以将直播间二维码分享给已有的粉丝和好友、微信群等，并鼓励他们进行二次转发，为直播间吸引更多人气。

图7-12　分享二维码

小贴士

直播时，点击"分享"，点击"抖音码"生成直播抖音码，分享到微信、QQ等其他平台。

4. 定期直播　直播时间应在一个固定的时间内，方便受众掌握直播开播时间，养成观看直播间的习惯；并应在个人信息中写明直播时间，如在名字、简介等中添加直播时间（图7-13）。

图 7-13　定期直播

> **小贴士**
>
> 除了定期直播外，在前期要坚持每天直播或者每周直播3～4次；这样做的目的在于提升直播权重，获得平台对直播间的流量推荐。

5. DOU＋直播上热门（图7-14）　抖音为主播提供的收费热门推荐工具。主播在直播前和直播中均可购买使用，可提升直播在推荐页的曝光率，吸引更多受众进入直播间。预热视频发布后，可以投放 DOU＋，投放定位建议选择同省/同城进行投放，拉近与同一定位地受众距离，进入直播间受众的精确度也相对较高。DOU＋投放要根据个人预算、产品情况进行，同时要考虑受众类型（图7-14）。

> **小贴士**
>
> 光靠花钱推广，并不能使你的直播火起来，还需要提高各方面综合因素，受众才能多起来。切记：投资需谨慎！

图 7-14 DOU+直播上热门

6. 打造主播人设 大家常说优秀的主播自带流量，什么是优秀的主播呢？优秀的主播首要的特点就是人设比较鲜明。

为什么要树立特有的人设？通过特有的人设可以让自身的定位更加鲜明、更有记忆点，让粉丝通过一个关键词或者一句话就会想到你。

如何打造人设？最重要的是寻找自身标签。

要想让别人快速熟悉你，最好的方式就是给自己贴标签。寻找一些你自身具备的、有传播度的标签，通过视频内容及直播呈现出来。这些标签要在你自己视频及每一场直播中都能得到体现，反复加深受众对这一特质的认知，受众才能对你形成一个稳固的印象。

直播时，要有血有肉有情感、展示诚信、展示内心、展示你的专业、弘扬正能量，让受众能了解你、信任你。

练一练

1. 尝试为你的直播拍摄一个直播预热视频。
2. 说一说你准备为自己打造一个什么样的人设呢？

四、直播间常用表达

对于很多刚接触直播销售的三农主播来说，经常会出现以下问题：对着镜头无话可说、逻辑混乱；不知道怎么调动直播间气氛；不知道怎么留住进入直播间的粉丝等。下面从 3 个方面解决这些问题。

主播与受众的沟通极为重要，主播说什么话决定着直播间的人气。也许一句话会为你招来关注，同样一句话也可能让你失去众多受众；所以说当主播，情商十分重要，要多多掌握聊天技巧。

1. 欢迎的表达方式　基础版欢迎话语："欢迎×××进入直播间。"主播们还可以将欢迎话语升级。

升级版欢迎话语：

（1）"欢迎×××来到我的直播间，很多人是因为我的歌声/舞姿/幽默感留下来的，您也是吗？"

（2）"欢迎×××进入直播间，您这名字有学问啊！"结合直播间主题，解读粉丝名字。

（3）"欢迎×××进来捧场，看名字应该是老乡，是吗？"寻找跟粉丝的共同点。

（4）"欢迎×××回来，感谢您，每一场直播都见到您来，好感动！"欢迎新受众的同时，也需与老受众保持沟通。

2. 引导话语　要想让更多的粉丝熟悉了解你，还需要一定的宣传引导话语；主要是宣传直播时间和直播内容，引导粉丝关注、参与活动、抢红包、抢购等，每隔几分钟需要重复一次。

（1）"非常感谢所有还停留在我直播间的家人们，我每天的直播时间是××点到××点，永远都在，没点关注的记得点关注，点了关注的记得每天准时来看哦！"

（2）"我是×××，今天来给大家介绍的是某某民宿，记得关注我，联系我可以给您意想不到的优惠哦。"

（3）"来了先分享，再来抽大奖。只要分享直播间而且关注过的人就能有机会抽到奖哦。"

（4）"抢购""过时不候""数量有限""价格不能再低了，我们已经赔钱了""这批卖完我们得马上涨价"等饥饿营销的话语，能唤醒人大脑中关于安全的本能，刺激消费者抓紧时间下单。

3. 互动话语　指的是与受众互动时说的一些语言。在直播过程中，通过主播与受众实时的互动，诉求可以较快得到回应，受众感觉到贴心；主播能快速得知受众的意见，以调整后续的直播内容。

（1）发问式。例如，"刚刚给大家推荐的樱桃，还有想要的么？想要的打 1。""你们能听到我的声音吗？听到的打 1。""这种民宿大家都喜欢么？想要优惠的打 1。"

这样答案是肯定或是否定类的问题，受众回答便捷，主播总结也方便。

（2）选择式。例如，"想要 5 斤装的刷 1，想要 10 斤装的刷 2。""想采摘的刷 1，想直接吃的刷 2。"

选择式直播话语，就是给受众抛一个选择题，一般为 2 选 1 或 3 选 1，让受众在购买量上做选择，能够增加受众的购买欲。

4. 销售话语　指的是销售时，展示自己货物经常用的一些语言。通过销售类话语的合理运用，无形中拉近主播与受众距离，建立信任感，方便受众进行购买决策，拉动产品销售，实现变现。

（1）展示型（图7-15）。主播在进行直播销售时，直观地展示产品的质量和使用感受，提升受众下单的概率。例如，"我们的小米蕉，大家看一下这个肉质。""我随机摘一个杧果，大家看看这水分，是不是很充足。"

图7-15　直观展示

（2）信任型。直播销售的缺点就是受众触不到产品，只能通过主播的描述来熟悉产品。因此，主播需要让受众对产品建立一定的信任感，才能促成受众下单（图7-16）。

例如，"我们这是纯天然有机种植，很多人不相信，我带大家看看现场采摘的情况，看看小朋友，边采边吃呢！""我们已经是很多年的果园了，我身边的朋友，朋友的朋友，假期都会带着小朋友过来采摘。"。通常主播会表明自己也使用来作担保，以打消受众对产品的顾虑。

直播销售某种意义上是信任销售，维护信任至关重要。在很多直播销售中，之所以出现"秒光"现象，一个重要原因在于受众对主播的信任，而这种信任的建立非一日之功，是长期培养的结果。有调研显示，受众从直播间购买的产品如果出现一次质量问题，信心会立即受损；如果多次遭遇质量问题，受众将放弃关

图 7 - 16　建立信任

注。这提醒我们，直播销售要赢得受众持久青睐，重在建立与受众稳固的信任关系。从这个角度看，直播销售只有以信任为纽带，充分理顺平台、主播、商家、受众之间的关系，才能持续激发市场活力。

（3）专业型。三农主播更加了解农产品的品种、特点，还可以展示农产品的生长环境与制作流程，为网友提供了解乡村生活的窗口。不仅可以在三农方向上拓宽网友的知识面，并为农产品增加人们对乡土生活美好想象的情感附加值。

三农主播在推荐产品时，可以从专业的角度出发，针对一个产品及同类其他产品的区别做讲解，指导受众根据自己的情况选择产品（图 7 - 17）。

5. 直播时注意事项

（1）直播时一定要面带微笑、充满自信，让受众感觉到正向的能量。刚播的前几分钟可以先和受众聊聊天，进入状态以后再切入正题。

（2）有新受众进入直播间要向其打招呼，让受众获得被主播关注的愉悦感。

图 7-17　以专业说服受众

（3）在做商品推荐的直播时，不要自顾自介绍商品，要注意受众留言，多和受众互动聊天，尽可能多地满足受众对商品展示的要求。

（4）要经常提起品牌、商品、活动信息及店铺所在地址等，引导受众到店消费。

（5）尽量口语化介绍产品卖点，受众会更容易接受。

（6）如果有人在直播间一直评论"骗子""不好用"等负面评价，也需要及时回应，否则影响直播间的售卖情况。

五、直播间活动设计

直播间要维持稳定的受众，需要不时举办活动，丰富直播间的内容。常用的活动形式可以分为日常活动和短期活动两种类型。

1. 日常活动　一般指在固定的日期、长期举办的活动，如固定每周五晚上 8 点为回馈日。活动可以是发放巨额优惠券、设置特定产品超低价等（图 7-18）。

2. 短期活动　一般是指在特定的日子举办的临时性活动。例如，端午节、母亲节、父亲节、520 回馈活动、双 11 购物狂

123

图 7-18 回馈活动

欢等。短期活动要具有爆炸性，以快速吸引流量；但次数不宜太多，短期活动太多会对受众产生反向引导作用，让受众认为活动只是一个噱头。

短期活动的形式多样，以下列 5 种为主。

（1）秒杀活动。例如，1 元秒杀、9.9 秒杀等（图 7-19），能够迅速提升直播间人气。尤其适用于新进入直播领域的三农主

图 7-19 秒杀活动

播，能够快速地实现受众转化。

（2）关注、集赞活动。新的直播间在前期没有很多的人气，需要优先吸引一批受众关注直播间。这时可以根据自己产品情况设计活动，促使受众关注或者集赞。例如，"点红心到 1 万，准备抽奖""关注主播，抢红包"等。尽可能

促使受众在直播间多做停留，增加直播间热度。

（3）限时、限量促销活动。进行商品限时、限量促销活动时，可以把活动设置在整点开启，刺激受众转化，调动直播间气氛。例如，"现在是 9 点 54，到 10 点整，开始 10 分钟限时促销，10 点 11 开始恢复原价。"

（4）发优惠券。可以发放仅在你的直播间才能使用的优惠券（图 7 - 20）。专属优惠同样能够刺激受众关注和消费。

（5）抽奖活动。设计"参加粉丝团抽奖""评论抽奖"等活动，通常设置倒计时抽奖、整点抽奖、半点抽奖，增加受众在直播间停留时长（图 7 - 21）。

（6）PK/连麦。PK 和连麦在性质上有区别，一个具有竞争性，一个没有。但两者都能起到调动直播间氛围的作用，吸引更多受众进入直播间。

图 7 - 20　发放优惠券

图 7 - 21　抽奖活动

直播是否成功不仅仅取决于活动内容的设计，活动开展的时间也需做好统筹规划。主播要把握好节奏，优惠活动尽量不要在刚开始就放出，先预热，跟受众拉近距离后再开展活动，这样受众的参与度会更高。

 练一练

尝试为你销售的产品设计一个促销活动。

六、复盘反思

复盘，就是当直播结束之后，把这次直播过程再重新回顾一遍，查漏补缺。直播的目的，其一在于促成销售，其二在于增加直播间产品曝光。因此，直播后需要根据本次直播的数据（观看人数、成交情况、新增关注情况等）（图 7 - 22）来回顾直播，从中找出问题，调整下一次的直播策略。

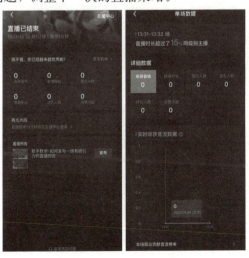

图 7 - 22　直播复盘数据

第一步，评估直播效果回想此次直播的目标是什么，预先是如何设定的。评定现在达成的效果，判断有没有达到预期。

第二步，分析具体情况。厘清直播中各个节点出现的特殊情况和获得的效果。分析达到效果和没有达到效果的原因，以及探究出现特殊情况的原因。

第三步，总结经验。结合分析出的原因，总结出此次直播的优点和缺点，并针对缺点提出解决办法。

直播的形式能够为农产品打开新销路，但是要想直播获得好的效果，准备和操作的过程也是复杂的。从选人，到场景、流程设计，再到客服和售后，比单纯开设网店要复杂和精细得多。所以，要提早计划，精心准备，才能让直播获得好的效果。

图书在版编目（CIP）数据

短视频助农营销实战手册／赵国玲，丰新秋，徐春
选编著．—北京：中国农业出版社，2022.9（2023.8 重印）
ISBN 978-7-109-29923-8

Ⅰ.①短…　Ⅱ.①赵…　②丰…　③徐…　Ⅲ.①农产品
－网络营销－手册　Ⅳ.①F724.72-62

中国版本图书馆 CIP 数据核字（2022）第 162078 号

中国农业出版社出版

地址：北京市朝阳区麦子店街 18 号楼
邮编：100125
责任编辑：刘　伟　　文字编辑：胡烨芳
版式设计：杨　婧　　责任校对：吴丽婷
印刷：三河市国英印务有限公司
版次：2022 年 9 月第 1 版
印次：2023 年 8 月河北第 4 次印刷
发行：新华书店北京发行所
开本：850mm×1168mm　1/32
印张：4.25
字数：110 千字
定价：30.00 元
